MARCO POLO

DOMINIKANISCHE REPUBLIK

Reisen mit Insider Tipps

Die Lockerheit der Leute, diese tollen und so unterschiedlichen Landschaften, die traumhaften Palmenstrände und bunten Häuschen – für mich ist die Dominikanische Republik der Inbegriff von Karibik.

MARCO POLO Autorin
Gesine Froese
(siehe S. 135)

Spezielle News, Lesermeinungen und Angebote zur Dominikanischen Republik:
www.marcopolo.de/dom-republik

DOMINIKANISCHE REPUBLIK

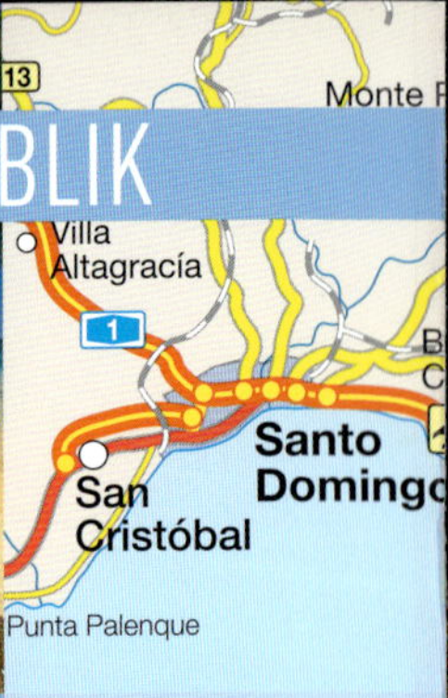

> SYMBOLE

Insider Tipp **MARCO POLO INSIDER-TIPPS**
Von unserer Autorin für Sie entdeckt

★ **MARCO POLO HIGHLIGHTS**
Alles, was Sie in der Dominikanischen Republik kennen sollten

SCHÖNE AUSSICHT

WLAN-HOTSPOT

▶▶ **HIER TRIFFT SICH DIE SZENE**

> PREISKATEGORIEN

HOTELS

€€€ über 80 Euro
€€ 40–80 Euro
€ bis 40 Euro

Preise für ein DZ in der Saison. Die Hotels der gehobenen Preisklasse sind pauschal gebucht erheblich preiswerter

RESTAURANTS

€€€ über 30 Euro
€€ 15–30 Euro
€ über 15 Euro

Die Preise gelten für ein dreigängiges Essen ohne Getränke

> KARTEN

[116 A1] Seitenzahlen und Koordinaten für den Reiseatlas Dominikanische Republik

[U A1] Koordinaten für die Karte Santo Domingo im hinteren Umschlag

[0] außerhalb des Kartenausschnitts

Zu Ihrer Orientierung sind auch die Orte mit Koordinaten versehen, die nicht im Reiseatlas eingetragen sind

DIE BESTEN MARCO POLO INSIDER-TIPPS .... UMSCHLAG
DIE BESTEN MARCO POLO HIGHLIGHTS 4

AUFTAKT 6

SZENE 12

STICHWORTE 16
EVENTS, FESTE & MEHR 22
ESSEN & TRINKEN 24
EINKAUFEN 28

DER SÜDEN 30
DER OSTEN 58
DIE MITTE 70
DER NORDEN 76

INHALT

> SZENE

S.12–15: Trends, Entdeckungen, Hotspots! Was wann wo in der Dominikanischen Republik los ist, verrät der MARCO POLO Szeneautor vor Ort

> 24 STUNDEN

S. 92/93: Action pur und einmalige Erlebnisse in 24 Stunden! MARCO POLO hat für Sie einen außergewöhnlichen Tag in Cabarete zusammengestellt

> LOW BUDGET

Viel erleben für wenig Geld! Wo Sie zu kleinen Preisen etwas Besonderes genießen und tolle Schnäppchen machen können:

Als „Spontangruppe" günstiger zur Isla Cabritos S. 42 | Einfach, aber romantisch wohnen in zwei Strandhütten in El Cortecito S. 62 | Getränkerabatt mit Studentenausweis im Francifol Café in Santiago S. 74 | Happy Hour für Pasta, Pizza, Bier im Cosanova in Cabarete S. 80

> GUT ZU WISSEN

Was war wann? S. 10 | Spezialitäten S. 26 | Der erste Guerillero S. 49 | Bücher & Filme S. 51 | Blogs & Podcasts S. 86 | www.marcopolo.de S. 102 | Währungsrechner S. 103 | Was kostet wie viel ? S. 106 | Wetter in Santo Domingo S. 108

AUF DEM TITEL

Der ewige Traum von der Welle des Lebens! S. 78
El Corral de Los Indios S. 35

AUSFLÜGE & TOUREN 88
24 STUNDEN IN CABARETE 92
SPORT & AKTIVITÄTEN 94
MIT KINDERN REISEN 98

PRAKTISCHE HINWEISE 102
SPRACHFÜHRER SPANISCH 110

REISEATLAS DOMINIKANISCHE REPUBLIK 114
KARTENLEGENDE REISEATLAS 130

REGISTER 132
IMPRESSUM 133
MARCO POLO PROGRAMM 134
UNSERE INSIDERIN 135

BLOSS NICHT! 136

ENTDECKEN SIE DIE DOMINIKANISCHE REPUBLIK!

Unsere Top 15 führen Sie an die traumhaftesten Orte und zu den spannendsten Sehenswürdigkeiten

Die Highlights sind in der Karte auf dem hinteren Umschlag eingetragen

1 Karneval in La Vega
Mit seinen hinkenden Teufeln, den *diablos cojuelos,* lockt er Tausende Schaulustige in die Stadt (Seite 23)

2 Isla Cabritos
Die kleine Insel im 40 m unter dem Meeresspiegel gelegenen Enriquillosee ist ein Refugium letzter wilder Krokodile (Seite 34)

3 Isla Saona
Robinson-Feeling auf der Insel der einsamen Fischer und paradiesischer Platz zum Baden und Relaxen (Seite 37)

4 Cueva de Las Maravillas
Die schönste Höhle des Landes, ehemaliger Kultplatz der Taíno, wurde wie ein Museum hergerichtet (Seite 41)

5 Altos de Chavón
Publikumsmagnet über dem Río Chavón: das Kunst- und Künstlerdorf mit romantischen Restaurants und großem Amphitheater (Seite 43)

6 Zona Colonial
Hier in Santo Domingo fing alles an: die erste Kirche, das erste Kopfsteinpflaster (Seite 44)

7 Parque Nacional Los Haïtises
Entdeckungsfahrt in die Vergangenheit: per Boot in Höhlen mit magischen indianischen Zeichen (Seite 64)

8 Pueblo de los Pescadores
Vornehm speisen in ehemaligen Fischerhütten am Strand – das gibt es nur in Las Terrenas (Seite 66)

> DIE BESTEN MARCO POLO HIGHLIGHTS

9 Buckelwale
Von Dezember bis März schwimmen Buckelwale in der Samanábucht. Für schonende Beobachtung sorgen geschulte Kapitäne (Seite 68)

10 Pico Duarte
Kein Berg in der Karibik ist höher: Der Pico Duarte reckt sich 3175 m in den tropischen Himmel (Seite 70)

11 Centro León
Großartiges Multimediamuseum zu Land und Leuten in Santiago (Seite 74)

12 Highlight für Wind- und Kitesurfer
Ob mit Segel und Surfbrett oder an der langen Leine – Cabarete an der Nordküste ist ein Surfspot von Weltniveau (Seite 78)

13 Ruinas de La Isabela
Kreuze, ein Skelett und Mauerreste erinnern auf dem Kap an der Nordküste an die erste Siedlung von Kolumbus in der Neuen Welt (Seite 80)

14 Pico Isabel de Torres
Die Fahrt mit der Gondelbahn auf den Gipfel der Nordküste – der Hausberg von Puerto Plata – ist ein einzigartiges Erlebnis in der Karibik (Seite 83)

15 Zentralkordillere
Herausforderungen für Raftingfans und Wasserfallkletterer (Seite 94)

WAS
FÜR
EIN
LAND!

AUFTAKT

Bilderbuchkaribik, Traumstrände und viel mehr: Spurensucher finden Ruinen aus der Zeit von Christoph Kolumbus und die älteste Kirche Amerikas, Entdecker jede Menge völlig untouristischer Landstriche und Naturfreunde eine einzigartige Vielfalt an Ökosystemen – von Nebelwäldern im Hochgebirge bis zu Lagunen an der Küste und dampfendem Urwald in urtümlichen Karstgebirgen. Sportler erwartet der Kick in Wildwassern oder an steilen Kletterfelsen unter Wasserfällen und Verwöhnte Wellness und Luxus in exklusiven Hotels.

> Die Dominikanische Republik, das Land auf der östlichen Hälfte der Insel Hispaniola, gehört seit rund 30 Jahren zu den beliebtesten Reisezielen in der Karibik. Und fast ebenso lange schon haftet ihr das Image eines Ziels für den Massentourismus an. Aber Masse muss nicht zwangsläufig auch mangelnde Klasse bedeuten. Gerade in den letzten Jahren hat die Dominikanische Republik enorme Anstrengungen unternommen, ihr Image mit einer hochwertigen Infrastruktur aufzupolieren. Seitdem kommen überwiegend anspruchsvolle Urlauber, vor allem an die Costa de Coco im Osten, wo Kokosplantagen den schönsten Strand des Landes säumen. Zum Erfolg des Landes als Urlaubsdestination tragen – neben Sonne und Meer – großartige Naturattraktionen, einzigartige historische Kulturschätze und nicht zuletzt die Menschen bei, die Fremde heute noch genauso herzlich begrüßen wie einst den Seefahrer Kolumbus.

Wie Sie spätestens beim Besuch der Altstadt von Santo Domingo merken werden, spielte die Dominikanische Republik in der Entdeckungsgeschichte Amerikas eine Schlüsselrolle. Wussten Sie, dass hier einst die Eroberung Amerikas begann? Wenigstens einmal sollten Sie die Wohnhäuser für den spanischen Adel anschauen, über das Kopfsteinpflaster der Calle Las Damas schlendern und den Alcázar de Colón besichtigen, in den der Sohn von Kolumbus als erster Vizekönig Neuspaniens einzog.

> Wussten Sie, dass hier einst die Eroberung Amerikas begann?

Schließen Sie den Rundgang dann typisch dominikanisch ab: indem Sie einen *cafecito* im Café gegenüber der ersten Kathedrale des Kontinents schlürfen.

Das Museum im Alcázar de Colón in Santo Domingo zeugt von der Pracht der Kolonialzeit

Ein guter Urlaubsstandort für alle, die sich für diese Altstadt interessieren und sich gern von dominikanischem Alltagsleben umspült sehen, ist die dicht besiedelte Südküste. An der Costa de Coco um Bávaro und Punta Cana wird sich wohl fühlen, wer den Allroundservice erstklassiger All-inclusive-Hotels liebt und sich dazu Bilderbuchkaribik mit schönen Palmenstränden und türkis leuchtendem Wasser wünscht.

Fast ebenso schön sind die Strände auf der Halbinsel Samaná. Zum Beispiel die Playa Cozón bei der Aussteigeroase Las Terrenas und das fernab allen Trubels gelegene Las Galeras. Und wenn Sie Urlaubsatmosphäre in allen Schattierungen mit einer Prise Stadtkultur und blühendem Hinterland vorziehen, liegen Sie in einem der Ferienorte im Norden richtig. Sie haben die Wahl: Jede dieser drei großen Ferienregionen besitzt ihr eigenes Profil, ihr eigenes Flair.

Über 60 Prozent aller Hotels im Land sind All-inclusive-Resorts – größtenteils wunderschöne Anlagen. Gern wird dort den Urlaubern weisgemacht, es sei sicherer, Ausflüge mit der Hotelagentur zu unternehmen. Wer es trotzdem wagt, mit dem Mietwagen oder einem der schnellen, klimatisierten Überlandbusse auf eigene Faust das Land zu erkunden, und dabei die normalen Sicherheitsregeln beherzigt, wird dem Auswärtigen Amt bald Recht geben: Die Dominikanische Republik gehört zu den sichersten Reiseländern in Lateinamerika. Die Dominikaner sind ungewöhnlich freundlich und hilfsbereit. Nichts ist hier einfacher, als auf Entdeckungsfahrt zu gehen und sich unter die Leute zu mischen.

> Männer, die ihre Kampfhähne wie eine Trophäe unterm Arm tragen

Schnell werden Sie feststellen, dass die Dominikanische Republik außerhalb der Touristengebiete noch unverfälscht und natürlich geblieben ist. Man kann in das quirlige Alltagsleben dominikanischer Städte eintauchen oder in zutiefst ländliche Regionen, wo es nur kleine Hotels und Restaurants für die Einheimischen gibt. Und alte indianische Dorfplätze oder Ruinen von Städten, die noch Kolumbus persönlich gründete, laden ein zu spannenden Zeitreisen in die Anfänge der Kolonialzeit.

WAS WAR WANN?

Geschichtstabelle

Ab 90 v. Chr. Einwanderung von Arawakstämmen aus Südamerika, die ab 1000 n. Chr. von den Taíno verdrängt werden

1492–1502 Kolumbus tauft die Insel Hispaniola. Erste Stadtgründungen

1502 Kolumbus wird durch Gouverneur Nicolás de Ovando ersetzt, der die Taíno brutal unterwirft

1697 Spanien muss den westlichen Teil Hispaniolas an Frankreich abtreten

1795–1804 Ganz Hispaniola wird französisch, Gründung der Republik Haiti

1822–44 Haitianische Besatzungszeit. Nach Vertreibung der Haitianer Gründung der Dominikanischen Republik

1844–61 Rückkehr ins spanische Kolonialreich. Restaurationskriege und Vertreibung der Spanier

1916–1924 Invasion des Hauptgläubigers USA, um die Außenstände einzutreiben; nach ihrem Abzug entsteht die 3. Republik

1930 Rafael Leónidas Trujillo Molina lässt sich wählen. 1961 überträgt er sein Amt Joaquín Balaguer

1962 Wahlen nach 30 Jahren Diktatur, Gewinner ist der linksliberale Juan Bosch; sieben Monate später wird er gestürzt, ein Bürgerkrieg bricht aus. Nach der Invasion der USA kommt Joaquín Balaguer an die Macht und bleibt es fast ununterbrochen bis 1996

1996–2004 Rückkehr zur Demokratie unter Leonel Fernández, Korruption und Bankenskandal unter Hipólito Mejía

2004–2007 Wiederwahl von Leonel Fernández. Sanierung der Wirtschaft, hohe Investitionen in den Tourismus

Dank einem gut ausgebauten Straßennetz steht auch längeren Touren nichts im Weg. Meiden Sie jedoch Nebenstraßen: Sie sind oft mit Schlaglöchern übersät. Während Ihrer Entdeckungsfahrten passieren Sie wahrscheinlich so manche dörfliche Hahnenkampfarena, begegnen Männern, die ihre Kampfhähne wie eine kostbare Trophäe unter dem Arm tragen, und Frauen, die in Schaukelstühlen vor ihren Häusern sitzen. Vielleicht ist auch gerade Markttag im Dorf, und Felle, Früchte und Kleinvieh bedecken den Asphalt. Vielleicht bieten Kinder Ihnen auch Souvenirs zum Kauf an – doch das ist eher die Ausnahme. Der Großteil der Bevölkerung lebt nach westlichen Maßstäben zwar in Armut, aber bettelnden Menschen werden Sie kaum begegnen.

Fahrten durch die Dominikanische Republik, die mit gut 48 000 km² ungefähr so groß ist wie Niedersachsen, führen Sie in ganz unterschiedliche Landschaften. In der Zentralkordillere erwarten Sie Erdbeerfelder im Schatten des höchsten Gipfels der Karibik, Wasserfälle und duftender Wald. An der Nordostküste dagegen stoßen Sie auf Bilder wie in Asien mit ausgedehnten Reisfeldern hinter den Palmenhainen. Im Südosten ragen gleichmäßig geformte Kegelberge aus einem grünen Meer von Zuckerrohrfeldern, im Südwesten umgibt surreal wirkende Dürre den unter dem Meeresspiegel gelegenen Lago Enriquillo.

Von den Ferienorten im Norden locken Abstecher ins Cibaotal, wo die Erde so fruchtbar ist, dass selbst

Zaunpfähle über kurz oder lang Wurzeln und neue Triebe schlagen. Vollkommen flach präsentiert sich dagegen die östliche Mitte mit fast bis zum Horizont reichenden Reisfeldern

> *Erdbeerfelder im Schatten des höchsten Gipfels der Karibik*

und Viehweiden. Zu den schönsten Strecken gehören Überfahrten über die Halbinsel Samaná. Zum Teil geht es hier so steil hinauf, dass man fast die ganze Samanábucht überblicken kann, die Kinderstube der Buckelwale.

Entdecken Sie Ihre ganz eigene Dominikanische Republik! Ob Natur, Sport, Trubel oder Ruhe – für jeden Geschmack gibt es Angebote, die das Vorurteil des Billigziels entkräften. Trekkingpfade führen auf den Pico Duarte, auf Raftingfreunde warten Wildwasser und auf Golfer eine Vielzahl hervorragender Plätze. Natürlich ist den Dominikanern nicht entgangen, dass Naturerlebnis zurzeit ebenso gefragt ist wie exklusiver Golfurlaub, und entsprechend investierten sie in die Pflege der Nationalparks und bauten neue Golfplätze. Wo eine Nachfrage ist, da reagiert man in der Dominikanischen Republik häufig schneller und flexibler als anderswo. Auch das ist eines der Erfolgsgeheimnisse dieses Landes.

Versteckt im Regenwald der Halbinsel Samaná liegt der Wasserfall von Limón

TREND GUIDE DOMINIKANISCHE REPUBLIK

Die heißesten Entdeckungen und Hotspots! Unser Szene-Scout zeigt Ihnen, was angesagt ist

Petra Cruz
ist in der Dominikanischen Republik geboren und lebt seit einigen Jahren in Frankfurt am Main. Doch die Anziehungskraft der dominikanischen Traumstrände und die karibische Warmherzigkeit ist so groß, dass Petra Cruz immer wieder zurückkommt. Ihre Heimat bedeutet für die Europa-Direktorin des Fremdenverkehrsamtes der Dominikanischen Republik Lebensfreude pur!

CARIBBEAN COCKTAIL

Crazy, what else?

Die verrückte Kokosnuss. Klingt crazy? Ist es aber nicht, denn Coco Loco (zu Deutsch: verrückte Kokosnuss) ist das In-Getränk auf der Insel. In immer mehr Bars und am Strand ist der Cocktail das Accessoire der Partypeople. Frisch, fruchtig und unglaublich lecker kommt die gekühlte Kokosmilch mit reichlich Tequila, Gin oder Rum daher. Ob am Strand oder an der Bar – mit diesem köstlichen Drink in der Hand genießt man Karibik-Feeling pur.

SZENETREFF

Santo Domingo by night

Der Starter für alle New-Art-Fans ist am Abend die Plaza Duarte – sie ist der Meetingpoint der Szene. Musiker, Künstler und Poeten rocken den Platz. Wer auf den Geschmack gekommen ist, für den ist das *Casa de Teatro (Calle Arzobispo Meriño 110, Zona Colonial, www.casadeteatro.com)* ein Muss, denn das Experimentiertheater ist der Talentschuppen der Insel. Musik all night long und dazu noch live gibt's übrigens im Bar-Restaurant *Le Patio (Sofitel Frances Santo Domingo, Calle Las Mercedes/Ecke Calle Arzobispo Meriño, www.sofitel.com)*.

BLOCKBUSTER

Großes Kino auf der Insel

Film ab vor traumhafter Kulisse: Movie, Stars und Sternchen satt gibt's jedes Jahr im Herbst beim *Dominican International Film Festival (www.dominicaninternationalfilmfestival.com).* Dann verwandelt sich der Beach des *Sun Village Resort & Spa Cofresí (1 Paradise Drive, Cofresí Beach, www.emiresorts.com,* Foto*)* für sechs Tage in ein überdimensionales Open-Air-Kino. Ganzjährige Hotspots für Filmfreaks sind die Programmkinos *Cinemateca Nacional (César Nicolás Penson, Plaza de la Cultura, Santo Domingo)* und das *Centro Domínico-Alemán (Calle Isabel La Católica 212, Zona Colonial, Santo Domingo)*. Hier flimmern nationale und internationale Filmproduktionen oder Blockbuster mit spanischen Untertiteln über die Leinwand.

ADVENTURE-TRIP

Backpacker on Tour

Jedem Trend ein Gegentrend – während der Luxus die Insel erobert, entdecken nun auch Backpacker die Dominikanische Republik für sich. Die *Rancho Wendy (Los Quemados, Bonao, www.ranchowendy.com)* ist für Traveller Anlaufstation und Paradies in einem. Von hier aus ist es zum Abenteuer nicht mehr weit. Wasserfälle, Dschungeltouren und Ausritte sind die Highlights. Tipps von anderen Backpackern zu den Geheimlocations der Insel gibt es gratis. Wie zum Beispiel eine unvergessliche Nacht im Hotel *Tropic Banana (Las Terrenas, Samaná, www.tropicbanana.com)* mitten auf einer Kokosnussplantage oder direkt am Strand im Guesthouse *Las Cayenas (Las Terrenas, Samana, www.lascayenas.com,* Foto*)*. Ein Muss für alle Traveller ist außerdem eine Tour nach Jarabacoa in die Zentralregion, wo Lonesome Cowboys voll auf ihre Kosten kommen.

MUSIKMIX

Merengue und mehr

Die Musikszene der Dominikanischen Republik pulsiert. Der Mix aus karibischen Rhythmen und modernen Beats bringt die Stimmung in den Bars zum Kochen. Mit Merengue-Hiphop und Merengue-House treffen Bands wie *Los Ilegales (www.losilegales.com)* und *Fulanito (www.fulanito.com)* den Nerv der Zeit und erobern mit ihrem Sound mittlerweile auch Europa. Für Musikfans, die auf afrokaribische Klänge gepaart mit Hardrock abfahren, sind *Batey Ø* ein echter Geheimtipp *(www.myspace.com/bateycero)*.

RENT A HOUSE

Luxus für alle

Leben wie die Promis. Dieser Traum wird nun auf der zweitgrößten Karibikinsel wahr. Donatella Versace, Shakira und Brad Pitt haben es vorgemacht und sich in der Dominikanischen Republik ein Feriendomizil mit allem erdenklichen Luxus gekauft. Wer nicht sofort zum House Shopping gehen möchte, aber trotzdem Luxus pur genießen will, kommt im Hotel *Casa de Campo (La Romana, www.casadecampo.com.do)*, das von Stardesigner Oscar de la Renta ausgestattet wurde, oder in den Mietvillen des *Punta Cana Resort & Club (Punta Cana, www.puntacana.com,* Foto*)* voll auf seine Kosten. Butlerservice und eines von weltweit 15 Six-Senses-Spas inklusive.

LUFTIG – DUFTIG

Design für die Sinne

Auf der Insel pusht gerade die Design-Szene. Sully Bonnelly *(www.sullybonnelly.com)* und Jorge Diep *(www.jorge-diep.com)* sind international anerkannte Modedesigner und machen Lust auf Powershopping. Eine der It-Boutiquen für Prêt-à-porter gehört der dominikanischen Designerin und ehemaligen Beauty-Queen Jenny Polanco *(Jenny Polanco, Santo Domingo, 53 Calle Padre Billini, Ciudad Colonial, Tel. 1 809 221 37 96)*. Trends werden auch im Store von Elisa Morató gesetzt. Die Mode ist eine Mischung aus karibischem Flair und innovativen Designs *(Max Henríque Ureña 66, Ensanche Piantini, Tel. 56 53 97, www.elisamorato.com)*, an der keine Fashionista vorbeigehen kann.

PARTY ON

Abfeiern à la Karibik

Das ehemalige Fischerdorf Cabarete ist mittlerweile nicht nur das Mekka für Kiter und Surfer, sondern auch die In-Stadt und der Nightlife-Spot Nummer eins! Nicht umsonst wird die Playa Cabarete auch „Partymeile der Karibik" genannt. Alle Locations liegen direkt am Strand, und wer will, kann von Club zu Club tanzen. Absolut in: die Loungebar *Lax (www.lax-cabarete.com)*! Auf den Sofas am Strand kann man chillen und den Sonnenuntergang beobachten. Beim anschließenden Location-Hopping ist an jedem Tag ein anderer Club Hotspot: Freitags trifft man sich zum Beispiel in der *Tiki Bar*, am Samstag boomen die neue *Wave Bar* und das *Tribal Café*.

> BERNSTEIN, BACHATA UND GAGÁ

Wissenswertes für Neuankömmlinge, die hinter die Kulissen der Dominikanischen Republik schauen wollen

ARCHITEKTUR

Kaum ein Dorf, in dem man nicht die hübschen, für die Karibik so typischen rosa oder blau gestrichenen Holzhäuschen findet. In der Bauweise erinnern sie noch an den *bohio* der Ureinwohner. In den Städten dagegen dominieren die Baustile Europas. In Santo Domingos Altstadt finden sich sogar noch architektonische Muster aus dem Spanien des 16. Jhs.: spätgotische *palacios* und Kirchen im so genannten isabellinischen Stil mit massivem Baukörper und flächigen Schmuckelementen oder Arkaden, etwa beim Alcázar de Colón, oder der ornamentreiche Platerescostil (z.B. an der Westfassade der Kathedrale). Überwiegend aus dem viktorianischen 19. Jh. stammen die mit hölzernen Schmuckleisten verzierten Bürgerhäuschen eines aufsteigenden Kaufmannsstands, wie sie restauriert

Bild: Orchidee in der Cordillera Central

STICH WORTE

vor allem im Zentrum von Puerto Plata besonders zahlreich zu sehen sind. Typisch für das ausgehende 19. und frühe 20. Jh. sind in den Zentren der Städte europäische Baustile wie Klassizismus, Jugendstil oder Art déco. Der Tourismus unserer Tage sorgte für einen neuen Bauboom. Von ihm zeugen die vielen der Landschaft angepassten Hotels, die typisch karibische Stilelemente vereinen – etwa Veranden mit gekreuzten Holzgeländern, Spitzdächer oder Schmuckleisten.

BERNSTEIN (ÁMBAR)

Die bis zu 50 Mio. Jahre alten Harztropfen und -klumpen gehören zu den großen Schätzen des Landes. Das Harz tropfte von Laubbäumen in der heutigen Nordkordillere und konservierte eine geheimnisvolle Welt von Insekten wie Käfern und Libellen, aber auch Frösche und sogar Geckos. Dank neuer Untersuchungsmethoden geben die Einschlüsse heute Aufschluss über die DNA, also die genetischen Informationen der Objekte. Der dominikanische Bernstein ist besonders klar und außergewöhnlich reich an Einschlüssen. Er wird in vielfältiger Form zu Schmuck verarbeitet und überall in den Souvenirläden angeboten.

BEVÖLKERUNG

Die Dominikaner sind ein selbstbewusstes Volk von rund 9 Mio. Ew., das aus vielen unterschiedlichen Einwanderergruppen entstand. Zu den letzten Taíno, den Spaniern und den eingeschleppten Afrikanern der Kolonialzeit gesellten sich in haitianischer Zeit Land suchende ehemalige Sklaven aus den USA und Arbeit suchende von der englischsprachigen Karibikinsel La Tortola, die so genannten *cocolos*. Daneben zog es zahlreiche Siedler von den Kanarischen Inseln ins Land sowie die *turcos* genannten Kaufleute aus dem Nahen Osten. Unter Präsident Trujillo wanderten Mitte des 20. Jhs. Japaner, Spanier und deutsche Juden ein. Ethnisch lässt sich die Bevölkerung heute nur noch grob in 73 Prozent Mulatten, also Mischlinge, 16 Prozent Weiße und elf Prozent Schwarze aufsplitten. Weiße besetzen nach wie vor die wichtigsten Ämter. Um sich vom „schwarzen“ Nachbarn Haiti und seinem Voodoo abzugrenzen, identifiziert sich die mulattische Mehrheit der überwiegend katholischen Bevölkerung lieber mit ihren weißen Wurzeln als mit den afrikanischen. Alle Dominikaner kommen Besuchern aus Europa und den USA daher besonders aufgeschlossen und herzlich entgegen.

DOMINO & CO.

Das Spiel mit den 28, 36, 45 oder 55 gepunkteten Steinen ist so beliebt, dass Spaßvögel das Land schon in „Dominokanische“ Republik umtauften. Genauso wie der Hahnen-

Männersache: Zeit für eine Partie ist immer in der „Dominokanischen“ Republik

kampf, bei dem schon so mancher Haus und Hof verwettete, ist es eine ausschließlich von Männern betriebene Freizeitbeschäftigung. Die Jugend begeistert sich vor allem für Baseball.

FAUNA

Naturfreunde können sich vor allem auf eine reiche Vogelwelt freuen, zu der auch endemische, also nur hier anzutreffende Arten wie der grüne Papagei „La Cotica" oder der Palmenschwätzer, eine Drosselart, gehören, außerdem Kolibris, zahlreiche Wasservögel und in höheren Lagen Waldtauben, Spechte und Schwalben. Vor allem die Nationalparks Cabo Francés Viejo und Los Haïtises sind Vogelparadiese. In den Lagunen des Jaragua-Nationalparks kann man Flamingos beobachten, und auf der Isla Cabritos lebt das größte Tier im Land: das bis zu 2 m lange Spitzkrokodil. Wer aufmerksam durch die Nationalparks spaziert, kann Nashornleguane, ungefährliche Boas und Nattern, Schildkröten und mit etwas Glück den kleinen Nager *jutía* sehen. In den Höhlen wimmelt es von seltenen Fledermausarten.

FLORA

Insgesamt wurden 5600 verschiedene Pflanzenarten gezählt. Über 300 Orchideenarten wachsen allein im Parque Nacional del Este. Im tropisch heißen Parque Los Haïtises wuchern Mangroven- und Regenwald. Unter den vielen Palmenarten sind besonders die Zwergpalmen *cana* und *yarey* auffällig, deren Blattfasern für die Herstellung von Besen oder zum Dachdecken verwendet werden. Im trockenen Südwesten findet man Säulen- und Feigenkakteen. Zu den schönsten Zierbäumen gehören die Flamboyant-, die Tigerkrallen- und die Tulpenbäume, die während ihrer Blütezeit Dörfer in Idylle verwandeln. Im kühlen Gebirge gedeihen Pinienwälder. Im Parque Nacional Sierra de Baoruco können Sie alle sieben Vegetationszonen des Landes durchwandern.

GAGÁ-FESTE

Sie sind eine Mischung aus dem haitianischen Voodoo und christlich-katholischer Tradition und werden vor allem in der Karwoche in den *bateys* gefeiert, den Siedlungen der haitianischen Zuckerrohrschneider. Charakteristisch für die Zeremonien sind die *gagá*-Bands. Mit einpeitschenden Trommelrhythmen und spitzen Trötentönen versetzen sie die Festgemeinde in Trance. Organisiert werden die Feste von den jeweiligen Bruderschaften der *bateys.* Anführer kann ebenso gut eine Frau wie ein Mann sein; eine weibliche Zeremonienmeisterin heißt *mambo,* ein männlicher *hougan.*

HAHNENKAMPF

Sie fehlt selbst im abgelegensten Dorf nicht: die Hahnenkampfarena. Das abschreckend blutige Schauspiel bis zum Tode kämpfender Hähne besitzt eine lange Tradition in ganz Lateinamerika. Die wichtigste Frage vor dem Kampf: Auf welchen Hahn kann man setzen, welcher wird überleben? Bei den Wetten hat schon mancher Dominikaner seinen mageren Wochenlohn verspielt.

KUNST

Von der anspruchsvollen dominikanischen Kunstszene kann man sich im Museo de Arte Moderno in der

Merengue und Bachata sind die wichtigsten Musikrichtungen des Landes

Hauptstadt ein gutes Bild machen. Zu den berühmtesten zeitgenössischen Künstlern des Landes gehören Eligio Pichardo (*1930), Cándido Bidó (*1936) und Jorge Severino (*1935). Auch Oscar de La Renta begann seine internationale Karriere als Modedesigner auf der Kunstakademie in Santo Domingo.

MUSIK

Jamaika hat seinen Reggae, Trinidad seinen Calypso und die Dominikanische Republik den Merengue – wie nicht zu überhören ist, wo immer Menschen und Radios in der Nähe sind. Merengue ist ein heiterer, mitunter polkaähnlicher Zweivierteltakt, über dessen Herkunft sich die Musikexperten streiten. Die einen hören Elemente der spanischen Contradanza heraus, andere der Tumba francesa oder der Mazurka. Ende des 19. Jhs. war Merengue noch ein Tanz der dominikanischen Oberschicht. Heute tanzt ihn alle Welt, nicht zuletzt dank der international erfolgreichen dominikanischen Gruppe 4:40 *(cuatro cuarenta).* Sie verhalf auch der mittlerweile populäreren Bachata zum Erfolg. Bekannte Interpreten dieser meist von Liebesleid klagenden Musikrichtung im Viervierteltakt sind u.a. Frank Reyes und Luis Vargas. Im Cibaotal wird noch der stark spanisch beeinflusste Zapateado getanzt. Bei der älteren Generation beliebt ist der Bolero.

ÖKOLOGIE

Ein Umweltministerium gibt es in der Dominikanischen Republik erst seit 1996. Aber die Konzentration des Tourismus auf relativ begrenzte Gebiete und die über 30 Nationalparks mit ihren höchst unterschiedlichen Landschaftsräumen machten es möglich, dass die Dominikanische Republik heute in puncto Artenviel-

Wichtiger Wirtschaftsfaktor: Die Zuckerrohrfelder liefern den Rohstoff für Rum

falt proportional gerechnet Platz eins in der Karibik einnimmt. So gedeihen im Valle Nuevo, dem höchsten Hochtal der Karibik, völlig andere Pflanzen als im tiefsten See, dem Lago Enriquillo, oder in der Schlucht des Hoyo de Pelempito bei Pedernales. Den großen ökologischen Schäden durch unkontrollierte Abholzung des Waldes wirkte man mit Wiederaufforstungsprogrammen entgegen. Erschreckend ist allerdings die vor allem außerhalb der Parks verbreitete Wegwerfmentalität vieler Dominikaner und die mit ihr einhergehende Umweltverschmutzung.

TRINITARIA

Den Geheimbund „Trinitaria" gründete 1838 der Jurist Pablo Duarte während der haitianischen Besatzungszeit, die er als besonders demütigend empfand, da zu seiner Zeit die Herrschaft ehemaliger Sklaven über Weiße als Umkehrung „natürlicher" Machtverhältnisse angesehen wurde. Die Versuche der neuen Machthaber, ihre Macht mithilfe von ehemaligen Sklaven aus den USA zu sichern und alle wichtigen Ämter „schwarz" zu besetzen, vergrößerten die Spannungen. Zu den Gründungsmitgliedern des Geheimbunds gehörten neben Duarte Ramón Mella und Francisco Sánchez. Später stieß noch der Großgrundbesitzer Pedro Santana dazu. 1844 gelang es der Bewegung, die haitianische Garnison in Santo Domingo zu stürmen und die erste freie Dominikanische Republik auszurufen. Gefeierter Vater der Nation ist seither der Gründer der Tritinaria: Pablo Duarte, nach dem neben Straßen, Plätzen und einer Autobahn auch der höchste Berg im Land benannt ist.

WIRTSCHAFT

Im weltweiten Vergleich rangiert das Wirtschaftswachstum des Landes seit ein paar Jahren mit an oberster Stelle – trotz lange bestehender Energieprobleme und obwohl die Erträge aus der Landwirtschaft (Zucker, Kaffee, Kakao und Tabak) seit den Achtzigerjahren rückläufig sind. Die positive Entwicklung hat das Land seinen beiden neuen, wichtigsten Säulen zu verdanken: dem Tourismus und seinen Zollfreizonen *(zonas francas)*. Der Tourismus boomt nach wie vor – 2006 konnten fast 4 Mio. Besucher begrüßt werden, 8,5 Prozent mehr als im Vorjahr. Der gesetzliche Mindestlohn für Arbeiter wird jährlich neu festgelegt; 2006 lag er bei 250 Euro monatlich.

KARIBISCHE FEIERLUST

Höhepunkte sind der Karneval und das Merenguefestival in der Hauptstadt

> Möglich, dass gerade während Ihres Urlaubs im nächsten Dorf ein Patronatsfest stattfindet, mit dem der Schutzheilige des Orts gefeiert wird. Als katholisches Land ist die Dominikanische Republik besonders reich an solchen *fiestas patronales*. Und in der Semana Santa, der Karwoche, ist gleichsam die ganze Republik aus dem Häuschen. Höhepunkte des Festjahres sind außerdem das Merenguefestival in Santo Domingo, das Jazzfestival an der Nordküste und natürlich der *carnaval*. Mehr Informationen und alle Patronatsfeste finden Sie im Internet unter *www.dominicana.com.do/actualiad/calendario.html*

FEIERTAGE

1. Jan. *Año Nuevo*; **6. Jan.** *Los Reyes Magos*; **21. Jan.** *Nuestra Señora de la Altagracia*; **26. Jan.** *Natalicio de Duarte* (Geburtstag Duartes); **27. Feb.** *Independencia Nacional* (Unabhängigkeitstag); **Viernes Santo** (Karfreitag); **1. Mai** *Día del Obrero*; **16. Aug.** *Día de la Restauración* (Tag der Wiederherstellung der Republik); **24. Sept.** *Día de Las Mercedes* (Tag der Gnadenreichen Jungfrau); **12. Okt.** *Día de Colón* (Kolumbustag); **1. Nov.** *Todos Santos*; **25. Dez.** *Noche Buena*

FESTE UND VERANSTALTUNGEN

21. Jan.

Wallfahrt zur Basilika von Higüey zu Ehren der Jungfrau von Altagracia, der Schutzheiligen des Landes. In der Nacht vor der Prozession werden in vielen Orten des Landes Kerzen angezündet, es wird getanzt und gesungen.

Februar

Karneval im ganzen Land, vor allem in La Vega, Montecristi, Santiago und Santo Domingo. Dort findet am 28. Jan. auf der Avenida George Washington ein großer Umzug mit typischen Maskeraden aus allen Karnevalshochburgen des Landes, mit Tänzern und Kapellen statt.

> EVENTS FESTE & MEHR

Besonders bunt geht es am 27. Feb. beim ★ *Karneval in La Vega* mit den typischen Teufelsmaskeraden oder in Montecristi mit den *toros y civiles* (Stiere und Bürger) zu. Abschluss der Karnevalssaison ist der 27. Feb., der Unabhängigkeitstag.
Feria de Artesanía (Kunstgewerbemesse) in Altos de Chavón.

März/April
Semana Santa: Die Karwoche beginnt vor allem in Barahona und Boca Chica mit vielen privaten Festen. In der Nacht vom *Jueves Santo,* dem Gründonnerstag, zum *Viernes Santo,* dem Karfreitag, finden dann vielerorts Prozessionen und Umzüge statt und in den Siedlungen der einstigen Zuckerrohrarbeiter, den *bateys,* die *gagá-Feste.* Am Ostermontag schließlich geht es wieder zur Arbeit.

Ende Juli/Anfang August
Festival de Merengue in Santo Domingo: Auf für den Autoverkehr gesperrten Straßen werden neben dem Merengue auch andere populäre dominikanische Tänze aufgeführt, begleitet von Kunstgewerbemärkten, gastronomischen Festivals, Spielen für Jugendliche und Motocrossrennen.

24. Sept.
Prozession zum Santo Cerro zu Ehren der im ganzen Land verehrten Virgen de las Mercedes.

Oktober
Descubrimiento de América: Die Entdeckung Amerikas durch Kolumbus wird am 12. Okt. mit Staatsakten wie der Niederlegung eines Kranzes am Faro a Colón in Santo Domingo gefeiert.
Im Oktober (erkundigen Sie sich nach dem genauen Termin!) steigt an der Nordküste das *Festival Internacional de Jazz* mit berühmten Starinterpreten.
www.drjazzfestival.com

> TROPISCHE KÖSTLICHKEITEN

Indianische, spanische und internationale Einflüsse geben der dominikanischen Küche eine einzigartige Würze

> Saftig-süße exotische Früchte wie Ananas oder Papaya, frische, aromatische Gemüse und Gewürze: Sonnenverwöhnte Gefilde wie die Dominikanische Republik sind von Natur aus ein Schlaraffenland. Selbst wer sich an die einheimische Hausmannskost nur zaghaft herantraut und eher die klassische internationale Küche bevorzugt, kann sich auf vitaminreiche und gehaltvolle Zutaten aus den Gärten und Plantagen des Landes freuen.

Auch Freunde eines saftigen Steaks müssen nicht darben. Die Dominikaner sind gute Viehzüchter. Das Fleisch der Rinder, die gesund auf großen Weiden zwischen Santiago und Boca Chica heranwachsen, ist von so hoher Qualität, dass es sogar exportiert wird.

Doch die größte kulinarische Verlockung kommt aus dem Meer: Langusten, Riesengarnelen, grätenarme Knorpelfische mit weißem

ESSEN & TRINKEN

Fleisch, das auf der Zunge zergeht, Schwertfische, Tintenfische oder Muscheln – die Tagesfänge der Fischer bestimmen hier noch das Angebot. Wegen der Ciguaterakrankheit, einer in der Karibik nicht seltenen Fischvergiftung, sind kleinere Fischarten vorzuziehen, denn nur in größeren Fischen lagert sich das Gift in einer für Menschen gefährlichen Konzentration ab. Meeresfrüchte gelten bei den Dominikanern als Aphrodisiaka. Vor allem zum Abendessen *(cena),* das als krönender Abschluss des Tages gern ausgiebig im Kreis der Familie oder Freunde zelebriert wird, sind die Proteinträger besonders beliebt – stärken sie doch, ohne zu schwer verdaulich zu sein. Schließlich wartet meist noch die Disko, und kaum ein Dominikaner, der da nicht eine gute Figur machen will.

Am nächsten Tag muss dann erst mal ein starker *cafecito* her, ein Tässchen gesüßten, espressoähnlichen Kaffees, und vielleicht noch ein fettgebackener Hefekringel *(churro)* – und fertig ist das Frühstück *(desayuno)*. Es gibt aber auch eine kräftige, gehaltvolle Variante am Morgen für richtig Hungrige: das Kochbananenpüree *mangú,* ein Erbe der von den US-Virgin-Islands eingewanderten Zuckerrohrschneider, der *cocolos* aus San Pedro de Macorís. Mit Zwiebeln und zwei Spiegeleiern obendrauf sättigt es fast für den ganzen Tag.

Mittags laden überall in den Städten und größeren Orten *comedores,* kleine, einheimische Restaurants, oder Imbissstuben zum Mittagstisch *(almuerzo)* ein. Praktisch für den Sprachunkundige: Oft sind die Gerichte hier bereits fertig zubereitet in großen Vitrinen mit Warmhalteplatten zur Auswahl aufgereiht. Wer sich

> SPEZIALITÄTEN

Genießen Sie die typisch dominikanische Küche!

COMIDAS (SPEISEN)

arroz con frijoles – Reis mit Bohnen (übliche Beilage)
calamares a la romana – panierte Tintenfischringe
catibías – Pasteten aus Yuccamehl
cazuela de mariscos – Meeresfrüchteeintopf
ceviche – Vorspeise aus rohen, mit Zitrone marinierten Meeresfrüchten

chacá – Süßspeise aus Kokosnuss, Mais, Milch, Zucker und Zimt
chambre – dicke Hühnerbrühe
chivo guisado – geschmorte Ziege
habichuelas con dulce – aus Bohnen zubereitete Süßspeise
locrio – dominikanische Paella: Reis mit Gemüse, Huhn oder was gerade zur Hand ist
moro – Reis mit braunen Bohnen
parrillada de pescado/de carne – Grillplatte von Fisch/Fleisch
pasteles de hoja – in Kochbananenblätter gewickelte Pasteten
pescado y moro de guandules con coco – Fisch mit in Kokosmilch gegarten, erbsenähnlichen Hülsenfrüchten
pescado con naranja – Fisch mit Orange
plátanos maduros en cazuela – reife Kochbananen mit Zucker und Zimt (Foto)

BEBIDAS (GETRÄNKE)

china – frisch gepresster Orangensaft mit Milch oder Wasser
guinea – Bananensaft mit Milch oder Wasser
lechosa – Papayasaft mit Milch oder Wasser
toronja – Grapefruitsaft mit Milch oder Wasser

nicht sicher ist, sollte aber trotzdem fragen, wie die Speisen heißen. Denn was so appetitlich aussieht, kann sich auch als Kuttelsuppe *(mondongo)* und gebratene Innereien *(asaduras)* entpuppen: deftige dominikanische Hausmannskost, die zwar einen Versuch wert ist, aber nicht jedem schmeckt. Dafür gibt es andere köstliche Gerichte, die fast immer in den Vitrinen der *comedores* oder in den (leider wenigen) Restaurants mit einheimischer Küche *(cocina típica)* zu finden sind. Nie fehlen dort so schmackhafte, typisch dominikanische Spezialitäten wie z. B. *bacalao,* ein kräftig gewürztes Ragout von geschmortem Stockfisch mit vielen Zwiebeln, und der Eintopf *sancocho de pescado* (mit Fisch) oder *de res* (mit Rindfleisch). Die Art der Suppenzubereitung kommt ursprünglich aus Spanien, aber die Zutaten Maniok, Mais und Yamswurzel stammen aus der Küche der einheimischen Taíno. Natürlich darf auch das Nationalgericht, die *bandera dominicana* („dominikanische Flagge"), nicht fehlen, bei dem rote Bohnen, weißer Reis und Fleisch mit Gewürzen zusammen gekocht werden.

Wie überall in der Karibik, rührte auch in der dominikanischen Küche die Geschichte kräftig mit. Die Kunst der Kokosnussverarbeitung, wie sie vor allem auf der Halbinsel Samaná noch so gut beherrscht wird, brachten zum Beispiel einst die Afrikaner mit. Und natürlich hinterließ auch der Tourismus schon seine Spuren. Sie finden in der Dominikanischen Republik heute Restaurants mit französischer, chinesischer, schweizerischer oder schwäbischer Küche.

Für Erfrischungen und kleine Imbisse unterwegs bieten sich neben den verbreiteten *pica pollo*-Schnellrestaurants mit frittierten Hähnchenstücken vor allem an Sonn- und Festtagen jede Menge mobiler Stände am Straßenrand an. Da kann man frische Ananas-, Mango- oder Papayastücke kaufen, Kokosnusssaft aus der frisch aufgeschlagenen Kokosnuss trinken oder Frittiertes aus riesigen Kesseln probieren, z. B. ausgelassene Schweineschwarten *(chicharrones)* oder die stark gewürzten Schweinswürstchen *morcillas* und *longanizas* ursprünglich spanischer Herkunft. Und statt Pommes brutzeln da die auch sonst überall als Beilage beliebten *tostones* im Fett, flach geklopfte Kochbananenscheiben. Auch die leckere *piña colada* sollten Sie einmal probieren: Der Kokoscocktail mit einem Schuss gutem einheimischem Rum wird überall angeboten, oft hübsch serviert in einer Kokosnuss.

Legendär sind die karibischen Cocktails

KUNST, KERAMIK UND RUM

In den Läden und auf den Märkten können Sie Kostbarkeiten und Köstliches preiswert erstehen

> Auf den ersten Blick scheint Haiti das Souvenirgeschäft im Land zu beherrschen. Wo man auch hinkommt: Die oft mit Schablonen gemalten Bilder im Stil des Nachbarlands beherrschen die Szene. Aber es gibt auch eine rege dominikanische Kunstszene. Erkundigen Sie sich nach der Herkunft des Malers! Werke namhafter einheimischer Künstler findet man in den Kunstgalerien der Hauptstadt.

BERNSTEIN

Kostbarer noch ist *ámbar,* der dominikanische Bernstein, besonders dann, wenn er Einschlüsse besitzt – und das ist bei ihm keine Seltenheit. Leider werden auf den Souvenirmärkten auch Imitate angeboten; nur ein Echtheitstest schützt dann vor Enttäuschungen: Echter Bernstein lädt sich statisch auf, wenn man ihn poliert, außerdem schwimmt er in Wasser, während Plastik wie ein Stein versinkt.

LARIMAR

Oder der Larimarstein. Er kommt nur in der Dominikanischen Republik vor, und zwar in der Sierra de Baoruco. Aus Liebe zu seiner Tochter Lari und weil der Stein so schön hellblau wie das Meer (spanisch *mar*) ist, taufte ihn ein Minenbesitzer von ursprünglich Travelina in Larimar um. Esoteriker, die dem Stein eine entkrampfende und kreativitätsfördernde Wirkung zuschreiben, nennen ihn Atlantisstein. Und die Fachleute bezeichnen ihn als blauen Pektolith.

MERENGUE & CO

Dazu gesellen sich Souvenirs für die Sinne: von CDs mit einheimischer Merengue- oder Bachatamusik oder dem angesagten Reggaeton. Wenn Merengue- und Bachatastars wie Jean-Luis Guerra, Eddy Herrera oder Wilfredo Vargas vertreten sind, hat man auf jeden Fall einen guten Kauf gemacht.

MODE

Zum großen Schmuckangebot mit dominikanischen Steinen gesellt sich edle Mode von dominikanischen Designern, die im Landsmann Oscar de la Renta ihr

> EINKAUFEN

großes Vorbild haben. Verkauft wird sie in den Shoppingcentern der All-inclusive-Areale und in Altos de Chavón. Als Gold- und Silberschmiede hat sich die Firma *Harrison* einen Namen gemacht. Für ihre kostbaren Kreationen verwendet sie oft einheimisches Edelmetall.

RUM

Durch die einheimischen Rumsorten probiert man sich am besten während der Besichtigung einer Rumfabrik, z. B. von *Brugal* in Puerto Plata. Größten Genuss verspricht ein zwölf Jahre in Holzfässern gereifter Rum, ob von Brugal, Barceló oder Bermúdez.

SCHNITZEREIEN

Mit großem Geschick zaubern dominikanische und haitianische Künstler aus heimischen Holzarten wie Mahagoni dekorative Schnitzereien. Wer Authentisches sucht, sollte nach alten Voodoofiguren fragen. Aber erkundigen Sie sich nach ihrer Bedeutung – damit Sie sich keinen bösen Geist einhandeln!

TON & KERAMIK

Typisch dominikanische Mitbringsel sind Tonfiguren von Taíno-Gottheiten, wie sie die Ureinwohner als Glücksbringer trugen oder als magische Fetische für ihre Zeremonien nutzten. Sie verzaubern das Heim später mit einem Hauch indianischer Magie. Dekorative Stücke sind auch die glasierten und in Freihandmalerei mit exotischen Blumen oder anderen Motiven verzierten Keramikteller der Künstlergruppen *Alfarería Artística Dominicana* (ALFADOM) oder *Bonarte*. Man erhält sie in besseren Souvenirgeschäften wie *Felipe & Co* in Santo Domingo.

ZIGARREN

Zigarrenliebhaber werden fündig in klimatisierten Shoppingzentren wie der *Plaza Columbus* am Parque Colón in Santo Domingo, vor allem aber in spezialisierten Läden wie dem *Club del Cigarro* in Altos de Chavón. Abgesehen von der dominikanischen Puro von Davidoff, sind die meisten Zigarren mit einem ausländischen Deckblatt umgeben.

> KULTUR UND BADESPASS

Santo Domingo beeindruckt mit seiner Altstadt. Ruhe finden Besucher im kaum erschlossenen Südwesten, viel Abwechslung an der „Badewanne" im Südosten

> Nachts funkelt und strahlt Santo Domingo wie eine dynamische, jung gebliebene alte Dame. Dann tauchen Laternen die meterdicken Mauern, die Türmchen und Bastionen ihrer historischen Zona Colonial in ein geheimnisvolles Licht.

Und am Malecón, ihrer der Karibik zugewandten jüngeren Seite, brüstet sie sich mit Luxushotels, deren Neonlichter sich auf den Schaumkronen des Wassers spiegeln. Santo Domingo ist der Mittelpunkt der Südküste, Metropole des Landes und mit seiner Altstadt aus der Zeit von Christoph Kolumbus die älteste Kolonialstadt des amerikanischen Kontinents. Von den Dominikanern meist nur „La Capital" genannt, ist sie auch der wichtigste Verkehrsknotenpunkt.

Von hier zweigen Autobahnen in alle Richtungen des Landes ab, auch in den noch wenig erschlossenen Südwesten mit der Halbinsel Baoruco und den herrlichen Stränden bei

Bild: Fortaleza Ozama in Santo Domingos Calle Las Damas

DER SÜDEN

Pedernales an der Grenze zu Haiti. Gebirge mit alten Taínostätten und Sklavenverstecken steigen hier hinter der Küste und am Rand der Enriquillosenke auf, die mit Barahona Schwelle zur wildromantischen Costa Sur ist.

Östlich der Stadt schimmert das Meer hellblau und seicht vor den geschwungenen kleinen Stränden der Ausflugs- und Badeorte Boca Chica und Juan Dolio. An diesem Küstenstreifen münden einige große Flüsse in die Karibische See, wie bei der Stadt San Pedro de Macorís der Río Iguamo oder der Río de Chavón beim eleganten La Romana, kurz vor dem immer noch romantischen Fischerort Bayahibe und dem Parque Nacional del Este. Das Hinterland ist Zuckerrohrland; es dehnt sich als breiter, grüner Küstenteppich vor der Cordillera Oriental und ihren alten Orten aus.

BARAHONA

[129 E2] **Aufregende Landschaftskontraste von trockenen Kakteensenken und duftendem Kiefernwald prägen den südwestlichen Landeszipfel, die Provinz Barahona mit der Costa Sur.** Hauptstadt der Region ist das 1802 von dem haitianischen Präsidenten Toussaint L'Ouverture gegründete Barahona (68 000 Ew.). Südlich der jungen Universitätsstadt (seit 1997) beginnen die in den Hang der aufsteigenden Sierra de Baoruco gebetteten Badeorte an teilweise steinigen Stränden (Achtung: lebensgefährliche Unterströmungen!). Die größten Attraktionen der Region sind die Nationalparks mit ihrer seltenen Fauna und Flora.

ESSEN & TRINKEN

BRISAS DEL CARIBE

Schöner Blick auf die Bucht beim Hafen und beste Meeresfrüchteküche. Am Wochenende Musik. *Carretera Batey Central | Tel. 80 95 24 27 94 | tgl.* | €€

LA CAMPINA ▶▶

Treffpunkt der Einheimischen zu guter dominikanischer Küche und gelegentlich auch Livekonzerten. *Calle N. D. Rosario 8 (Parque Central) | Tel. 80 95 24 38 60 | tgl.* | €

Endlosen Badespaß versprechen die Strände der Baorucohalbinsel

ÜBERNACHTEN

CARIBE

Tipptopp geführtes, kleines Hotel mit Restaurant. 31 geräumige und gepflegte Zimmer mit TV, Bad, Klimaanlage. Frühstück inklusive. *Av. Enriquillo | Tel. 80 95 24 41 11 | Fax 80 95 24 41 15* | €

Insider Tipp

CASABLANCA

Susanna Knapp versorgt die Gäste ihres kleines Sechszimmerhotels gut 10 km südlich an der Küste auch gern mit vielen Insidertipps. *Juan Esteban | Carretera Costa Sur km 10 | Tel. 80 94 71 12 30 | susannaknapp@yahoo.de* | €

CASA BONITA

Die Perle der Costa Sur erstrahlt nach einem Besitzerwechsel in neuem Glanz. Großartiger Blick von der Poolterrasse und den meisten der zwölf Bungalows. *Carretera de la Costa Sur km 16 | Tel. 80 95 40 59 08 | Fax 80 95 65 73 10 | wwww.casabonitadr.com* | €€

CORAL SOL RESORT

Knapp 30 km südlich von Barahona sechs Bungalows mit Meerblick in wunderschöner Hanglage zwischen Blumen und Palmen direkt an wildem Strand mit Badepool. Hervorragende Küche. *Carretera de la Costa Sur km 20 zwischen Baoruco und Paraíso | Tel. 80 92 33 48 82 | Fax 80 95 24 39 29 | www.coralsolresort.com* | €€

COSTA LARIMAR

Stilvoll modernisiertes Ferien- und Tagungshotel am schmalen, weißen Sandstrand der Stadt. Zimmer zum Teil mit Internetzugang, Pool, Restaurants (Vollpension möglich). *108 Zi. | Av. Enriquillo | Tel. 80 95 24 51 11 | Fax 80 95 24 70 63 | www.costalarimar.com* | €€

FREIZEIT & SPORT

Insider Tipp

ECOTOUR

Ausflüge in die Nationalparks, und zu den Larimarminen. *Im Hotel Casa Bonita | Tel. 80 92 43 11 48, www.ecotour-repdom.com*

AM ABEND

COSTASUR

Treff für Jung und Alt – *estilo familiar.* Hinter dem Restaurant breitet sich eine luftige Disko aus. *Av. Enriquillo 16 | Di–So 8–2, Disko ab 21 Uhr*

MARCO POLO HIGHLIGHTS

★ **Zona Colonial**
Unesco-Weltkulturgut zum Bummeln, Einkehren und Schauen (Seite 44)

★ **Altos de Chavón**
Schauen und bummeln in einem Künstlerdorf (Seite 43)

★ **Cueva de Las Maravillas**
Wunderschön hergerichtete Höhle mit vielen Felszeichnungen der Taíno (Seite 41)

★ **Playa Las Águilas**
Einsamer Traumstrand für alle, die gut zu Fuß sind – oder einen Jeep fahren (Seite 35)

★ **Isla Cabritos**
Refugium der frei lebenden Spitzkrokodile (Seite 34)

★ **Isla Saona**
Kokospalmen, Sandstrände und ein idyllisches Fischerdorf (Seite 37)

BARAHONA

Las Caritas, „Die Gesichtchen": geheimnisvolle Felsgravuren aus der Taínozeit

AUSKUNFT

SECRETARÍA DE ESTADO DE TURISMO
Carretera Batey Central | Tel./Fax 80 95 24 35 73

ZIELE IN DER UMGEBUNG

LAGO ENRIQUILLO [120 B–C 4–5]

Der rund 300 km² große Lago Enriquillo, ursprünglich ein Meeresarm, der die heutige Baorucohalbinsel vom Festland trennte, entstand durch Schwemmsand der Flüsse aus der Sierra de Neiba und der Sierra de Ocoa. Im Innern des Sees hat sich eine seltene Fauna und Flora erhalten, vor allem rund um die ★ *Isla Cabritos,* die zum Nationalpark erklärt wurde. Sie ist Heimat von Flamingos, Pelikanen und vielen anderen Wasservögeln sowie von Nashornleguanen, vor allem aber letzter Krokodile. Man kann sie während einer Bootsfahrt zur Insel sehen, (Insider Tipp) am besten zwischen 8 und 9 Uhr. Die Boote starten östlich von La Descubierta *(tgl. etwa 8 Uhr | Preis pro Boot 1000 Pesos plus 50 Pesos Parkeintritt pro Person).* Hoteltipp für La Descubierta: *Mi Pequeño Hotel | 11 Zi. | Calle Padre Billini 26 | Tel. 80 98 90 93 60 | €*

Nur ein paar Meter östlich des Parkplatzes für die Bootsausflüge zur Isla Cabritos sieht man im Hang die Höhle mit den berühmten *Las Caritas,* besonders gut erhaltenen magischen Felsritzungen aus der Taínozeit in der Form von kleinen Gesichtern.

HOYO DE PELEMPITO [128 C2–3]

Hinter dem Namen verbirgt sich ein in frühgeschichtlicher Zeit eingestürztes, 700 m tiefes und 7 km langes Tal im Nationalpark der Sierra de Baoruco. Es ist berühmt für seine hohe Anzahl endemischer, nur hier wachsender Pflanzen, die sich den extremen Mikroklimaschwankungen anpassten. Schöner Überblick vom Besucherzentrum. *Zufahrt kurz vor Pedernales (ausgeschildert) | tgl. 7–18 Uhr | Eintritt 50 Pesos*

PARQUE NACIONAL DE JARAGUA [128–129 C–D 4–6]

Der Nationalpark Jaragua breitet sich über die ganze Halbinselspitze aus, einem von Höhlen und Einstürzen durchlöcherten sowie von Lagunen und vielen Inseln gerahmten gigantischen Kalkschild. Über 600 Vogelarten sind im Nationalpark beheimatet. Von Dezember bis Februar gesellen sich vor allem auf der Laguna de Oviedo als Wintergäste Flamingos aus Florida dazu. Mehrstündige *Bootsfahrten (ab 1800 Pesos)* starten ab dem neuen *Centro de Visitantes (tgl. 7–18 Uhr | Eintritt 50 Pesos)* am Parkeingang bei Oviedo. Es sind auch Besuche mit dem eigenen PKW möglich, aber nur mit Führer *(ab 300 Pesos)*.

Ein anderer Eingang zum Park (Zufahrt kurz vor Pedernales) liegt auf der Westseite der Halbinsel Jaragua hinter dem Cabo Rojo beim Höhlendorf Las Cuevas. Er ist das Tor zu einem der schönsten Strände der Republik, der 10 km langen ★ *Playa Las Águilas*. Pläne, sie zu bebauen, stoppte der Umweltminister. Erreichbar ist der Strand vom Parkeingang aus nur mit einem Jeep mit Allradantrieb oder in einer Stunde zu Fuß.

PEDERNALES [128 B3]

Mit neuen Hotels und der informativen Website *www.visitapedernales.com* präsentiert sich die 136 km von Barahona entfernte Hauptstadt (14 000 Ew.) der südwestlichsten Provinz inzwischen als Zentrum des Ökotourismus in die Nationalparks der Umgebung. Auch kann man hier von 8 bis 18 Uhr ohne Formalitäten die Grenze überschreiten und das haitianische Fischerdorf Anse-à-Pitres besuchen; außerdem findet Mo und Fr hier ein typischer haitianischer Markt statt. Gute Adressen zum Übernachten sind das *Doña Chava (11 Zi. | Calle 14 | Tel. 80 95 24 03 32 | marinojos@yahoo.es | €)* und das feinere *Villas del Mar (19 Zi. | Calle Prolongación Santo Domingo 2 | Tel. 80 95 24 04 48 | www.hotelvillasdelmar.com | €)* in Hafennähe. Restaurant (gute kreolische Küche) und Hostal in einem ist *D'Oleo Méndez (4 Zi. | Calle Antonio Duvergé 9 | Tel. 80 95 24 04 16 | tgl. | €)*.

SAN JUAN DE LA MAGUANA [121 E3]

Die schon 1504 gegründete heutige Provinzhauptstadt (129 000 Ew.) 135 km nördlich von Barahona trägt noch den Namen des ehemaligen Taínoreichs Maguana – neben dem ihres Schutzheiligen San Juan. Denkmäler erinnern an den letzten Taínohäuptling Caonabó und seine Witwe Anacaona. Erhalten blieb sogar ihr kreisrunder Zeremonienplatz, der *Corral de los Indios (Zufahrt über die Calle Anacaona, etwa 1 km)*. Hoteltipp: Bestens bettet man sich in den großen Zimmern des *Maguana (27 Zi. | Av. Independencia 72 | Tel. 80 95 57 22 44 | Fax 80 95 57 20 40 | €)* neben dem Stadttor.

BAYAHIBE

[126 C5] Ein Hauch Fischerromantik, herrliche weiße Korallensandstrände in der Umgebung, dazu die Nähe des großen Parque Nacional del Este mit seiner traumhaften Isla Saona haben Bayahibe (5000 Ew.) in ein neues touristisches Ziel

mit All-inclusive-Anlagen und vielen kleinen Hotels und Restaurants verwandelt. Von Bayahibe lohnt ein Ausflug zur Casa Ponce de León und ins Fischerdorf Boca de Yuma.

ESSEN & TRINKEN

ISSA MAR

Einfaches Fischrestaurant direkt am Strand, in dem es köstliche frische Langusten gibt. *Playa Bayahibe | Tel. 80 92 80 23 30 | tgl. | €*

Insider Tipp

MARE NOSTRUM ▶▶

Kleines Paradies für Liebhaber feiner italienischer und Meeresfrüchteküche auf luftiger Terrasse mit Blick auf die lichterfunkelnde Bucht. Cocktails, Fischcarpaccio, Risotto oder Crêpes: stets ein Hochgenuss. Große Weinkarte. *Calle Juan Brito | Playa de Bayahibe | Tel. 80 98 33 00 55 | tgl. | €*

Pastellparadies unter Palmen: Idyll oder Armut? Für Europäer schwer zu beurteilen

ÜBERNACHTEN

All-inclusive-Anlagen sind das *Casa del Mar (www.sunscaperesorts.com), Viva Wyndham Dominicus, Beach* und *Dominicus Palace (www.vivaresorts.com)*, das *Gran Dominicus (www.hoteles-catalonia.com)* sowie das *Globalia Oasis Canoa (www.hotelpalacedemuro.com)* und das Fünfsterneresort Iberostar Hacienda Dominicus *(www.iberostar.com);* sie sind preisgünstiger über Reiseveranstalter zu buchen.

BAYAHIBE

Zentral gelegen und komfortabel (warmes Wasser, Aircondition, TV) – das beste Hotel im Ort. *24 Zi. | Calle Principal | Tel. 80 98 33 01 59 | www.hotelbayahibe.com | €–€€*

CABAÑAS TRIP TOWN

Die günstigere Wahl, ebenfalls im Ortszentrum: 14 ordentliche Zimmer mit eigenen Eingängen und zum Teil kleiner Terrasse. *Calle Principal | Tel. 80 98 33 00 80 | €*

FREIZEIT & SPORT

CASA DANIEL ▶▶

PADI-Tauchcenter unter Schweizer Leitung gegenüber der Bootsanlegestelle im Ort. Zu den Tauch- und Schnorchelplätzen (Isla Saona, Isla Catalinita, Isla Catalina, Wrack) geht es mit Speedbooten. *Tel./Fax 80 98 33 00 50 | www.casa-daniel.com*

EXCELLENCE TOURS

Inhaber Jean Pierre Albert und seine mehrsprachigen Reiseführer bieten u. a. geführte Ausflüge zu den Höhlen im Nationalpark del Este an. Außerdem zeigen sie gern den Fundort eines jüngst entdeckten, über 1000 Jahre alten Taínoskeletts bei der Ortsschule. *Playa Bayahibe | Tel. 180 99 06 07 85 | www.bayahibe-rd.com*

ZIELE IN DER UMGEBUNG

BOCA DE YUMA [127 D5]

Eine Bucht voll bunter Fischerboote, sonntags Musik und überall Imbissstände, dazu ein Traumblick über die Karibik – Lokalkolorit pur erwartet hier die Besucher. Dazu am Westende des Orts die *Cueva de Bernard* mit Felszeichnungen der Taíno und dahinter der östliche Eingang des Nationalparks del Este. Hotelempfehlung: *El Viejo Pirata | 5 Zi. | Tel. 80 93 55 33 65 | €*

CASA-FUERTE PONCE DE LEÓN [127 D4]

Ein Haus wie eine Festung mit meterdicken Mauern, die gegen Indianerüberfälle schützen sollten. 1505 erbaut, diente es dem späteren Eroberer von Puerto Rico, Ponce de León, als Verwaltungs- und Wohnhaus. Innen sind Möbel und Waffen aus seiner Zeit ausgestellt. Die 5 km lange Zufahrtsstraße zweigt links von der Carretera Higüey–San Rafael ab (Schotterweg bei drei weißen Kreuzen). *Di–So 10–13 Uhr | Eintritt 30 Pesos*

PARQUE NACIONAL DEL ESTE/ ISLA SAONA [126–127 C–D 5–6]

Höhlen mit Taínozeichnungen *(Cueva del Puente und Cueva José María)* im Urwald auf der Halbinsel, ein flacher Meereskanal *(Paso de Catuán)* und die vorgelagerte *Isla Saona* – all das gehört zum 430 km^2 großen Nationalpark del Este. Das Gebiet gilt

Bilderbuchidyll: traditionelle bunte Boote im Hafen von Boca de Yuma

als größtes unversehrtes Küstenökosystem der Karibik mit Orchideen und Mahagonibäumen, Papageien und Wasservögeln. Naturfreunde, Inselfans, Schnorchler und Taucher lockt es mit großer Artenvielfalt auch unter Wasser. Topziel für Sonnenhungrige ist die ★ *Isla Saona* (130 km^2) mit dem schönsten Strand im Land, den malerisch Kokospalmen säumen. *Überfahrt von Bayahibe ca. 30 Min. | tgl. 8–16 Uhr | ab 50 US$*

BOCA CHICA

[124 C6] **Die „Badewanne der Hauptstadt" liegt nur 4 km östlich des internationalen Flughafens von Santo Domingo.** Einladend türkis schimmernd, weitet sich hier die flache, weiträumig von einem Riff geschützte Bahía de Andrés, benannt nach dem westlich sich anschließenden Ortsteil Andrés. Boca Chica (inkl. Andrés 100 000 Ew.) ist eine Mischung aus dominikanischem und internationalem Ferienort mit vielen Restaurants am öffentlichen Strand und der überaus regen Bummel- und Amüsiermeile Calle Duarte. Ruhiger gehts hinter dem Ortshügel im Osten zu. *www.bocachicaplaya.com, www.bocachicabeach.net*

ESSEN & TRINKEN

BOCA MARINA

Insider Tipp

Den Seesteg des erstklassigen Fischrestaurants krönen romantische Lager mit schneeweißen Laken und Kissen für alle, die sich zum Cocktail ans Meer betten wollen. *Calle Prolongación Duarte 12 a (neben dem Neptuno) | Tel. 80 95 23 67 02 | tgl. |* €€€

NEPTUNO'S CLUB

Insider Tipp

Beim Klassiker für beste Meeresfrüchte können Sie den Nachbau des Kolumbusschiffs Santa María bestaunen und bei der Fütterung von Katzenhaien zuschauen. *Calle Prolongación Duarte 12 | Tel. 80 95 23 47 03 | www.neptunosclub.com | tgl. |* €€–€€€

LA PEQUEÑA SUIZA

Pause beim Bummel über die Hauptstraße gefällig? Spezialität des netten, kleinen Schweizer Restaurants ist *fondue de mar. Calle Duarte 56 | Tel. 80 95 23 46 19 | tgl. |* €€

PLAYA VISTA

Die Beachbar zum Abhängen, E-Mail-Checken und Nette-Leute-Treffen. Gute Drinks, Snacks und kleine Gerichte. Wer viel bestellt, darf Sonnenliege und -schirm am Strand umsonst benutzen. *Calle Abraham Núñez 3 | Tel. 80 95 23 59 49 | tgl. |* €€

ÜBERNACHTEN

CASA COCO

Angenehmes, kleines Gästehaus in Spaziernähe zur zentralen Calle Duarte, aber ruhiger gelegen. Minipool. *10 Zi. | Calle Domínguez 8 | Tel. 80 95 23 44 09 | www.casacoconet.tc |* €

DON JUAN BEACH RESORT

All-inclusive-Anlage in Palmen- und Mandelbaumgarten mit Pool vor einem aufgeschütteten Abschnitt des öffentlichen Strands. Sitz der Tauchschule Treasure Divers. *224 Zi. | Tel. 80 96 87 91 57 | Fax 80 96 88 52 71 | www.donjuanbeachresort.com |* €€€

NEPTUNO'S REFUGIO

Ruhig gelegen, Meerblick, geschmackvoll möbliert und preisgünstig – ein Apartmenthotel mit Wohlfühlgarantie. Kleiner Pool im Garten. *10 Apartments, 6 Zi. | Av. Duarte | Tel. 80 95 23 99 34 | Fax 80 95 23 98 63 | www.dominicana.de/hotel-neptuno-deutsch.htm |* €–€€

OASIS HAMACA

Prominent auf dem östlichen Ortshügel gelegenes All-inclusive-Hotel

Boca Chica mit seinen flachen Stränden gilt als „Badewanne der Hauptstadt"

Insider Tipp mit einer beliebten Diskothek, die für alle offen ist. *587 Zi. | Calle Duarte 2 | Tel. 80 95 23 46 11 | Fax 80 95 23 67 67 | www.globalia-hotels.com | €€€*

VILLA SANS-SOUCY
Kanadier bieten in dieser kleinen Anlage am Ortsrand günstige unabhängige Zimmer mit Bad und Aircondition. *16 Zi. | Calle Juan Bautista Vicini 48 | Tel. 80 95 23 44 61 | Fax 80 95 23 41 36 | €*

FREIZEIT & SPORT

TAUCHEN
Zwei Schiffswracks sowie mehrere Grotten und Höhlen im nahen *Parque Nacional Submarino La Caleta* bieten Tauchern beste Bedingungen. Die gute Tauchschule *Treasure Divers (Tel. 80 95 23 53 20 | Fax 80 95 23 48 19 | www.treasuredivers.de)* von Walter Frischbutter hat ihren Sitz am Don Juan Beach Resort.

JUAN DOLIO

[125 D–E6] Jüngsten Planungen zufolge soll Juan Dolio demnächst in den exklusiven „South Beach" des Landes verwandelt werden – mit einer charakteristischen Skyline 20-stöckiger Hotelgebäude. Bisher allerdings ist Juan Dolio (18 000 Ew.) eine eher beschauliche Ferienregion mit Golfplätzen am neuen Küstenboulevard. Weitläufig reihen sich schöne, weiße Strände aneinander, unterbrochen von Karstfelsen. Den Auftakt macht die von privaten Villen und attraktiven Ausflugsrestaurants gesäumte *Playa Guayacanes* mit ihrem noch ursprünglichen Fischerdorf. Schon frisch herausgeputzt präsentiert sich etwas weiter östlich die mit puderweißem Korallensand verbreiterte *Playa Juan Dolio* vor der Urzelle der Region. Die meisten Resorts finden sich bisher östlich an der *Playa Villas del Mar* mit eigenem Boulevard zum Shoppen und Ausgehen.

JUAN DOLIO

ESSEN & TRINKEN

Insider Tipp

AURA BEACH HOUSE ▶▶

Wehende weiße Tücher am Eingang, weiße Himmelbetten auf der Strandterrasse und im Wasser weiße Betten zum Relaxen – das einem Vorbild aus Miami nachempfundene Luxusrestaurant eines Dominikaners setzte neue Maßstäbe im ganzen Land. *Calle Principal | Tel. 80 95 26 23 19 | tgl. | €€€*

DELI SWISS ▶▶

Die Auszeichnungen für den Schweizer Kochkünstler Walter Kleinert häufen sich, z.B. erhielt er für sein Restaurant schon dreimal hintereinander – zuletzt 2007 – den Wine Spectator's Best Award of Excellence für sein Angebot von mehr als 800 Weinen. Sonnenterrasse am Strand. *Calle Central 338 | Playa Guayacanes | Tel. 80 95 26 12 26 | Mo/Di geschl. | €€€*

PLAYA DEL PESCADOR

Insider Tipp

Das perfekte Strandrestaurant: hübsch mit Palmblättern gedeckt, Blick auf die Badenden und dazu auf dem Teller Oktopussalat oder Dorade mit Kokosnusssauce. Auch Apartments. *Calle Central | Playa Guayacanes | Tel. 80 95 26 16 13 | www.playacocobeach.com | tgl. | €€*

EL SUEÑO

Knoblauchdüfte mischen sich in diesem Openairrestaurant mit dem Geruch des Meers. Besonders gut sind gegrillte Fische, aber es gibt auch Spaghetti. *Calle Principal | Tel. 80 95 26 39 03 | Mo geschl. | €€*

ÜBERNACHTEN

ALL-INCLUSIVE-HOTELS

Die beliebtesten Häuser gehören zur Barceló-Gruppe *(www.barcelo.com): das Talanquera Beach, Colonial Tropical* und vor allem das *Capella*

Palmblattgedeckt, Blick aufs Meer, dazu Köstlichkeiten aus ebendiesem: Playa del Pescador

Beach. Clubatmosphäre herrscht im *Ocean Arc Decameron Beach & Casino Resort (www.oceanarc.com);* nah zum Golfplatz ist es vom *Amhsa Playa Real (www.amhsamarina.com);* das kleinste All-inclusive-Hotel liegt an der Playa Guayacanes: das *Playa Esmeralda (www.hotel-playaesmeralda.com).* Alle sind preisgünstiger oder ausschließlich über Pauschalveranstalter bzw. Internet buchbar.

CASA BEATRICE

Bei Bea und Horst kann man sich häuslich einrichten (drei Zimmer, Wohnküche, kleine Terrasse) oder einzelne Zimmer mieten. Ruhige Lage (Strand zehn Minuten zu Fuß). *Villas Yarimar 17 | Tel. 80 93 42 28 38 | www.casabeatrice.de.vu | €*

FIOR DI LOTO

Indienfans werden sich in den Zimmern von Sandra Maris weißem Palast wohlfühlen. Für Interessenten gibt sie Kurse in Yoga, Massage, Selbstverteidigung und Tanz (nur nach Voranmeldung). *Calle Central 517 | Tel. 80 95 26 11 46 | Fax 80 95 26 33 32 | fiordilotoindia@yahoo.com | €*

FREIZEIT & SPORT

GOLF

Ortsnaher Golfplatz ist der *Los Marlins Golf Course* mit dem Embassy Suites Hotel *Los Marlins-Hotel and Golf Resort (126 Zi. | Autopista del Este | Tel. 80 96 88 99 99 | Fax 80 95 26 11 30 | www.losmarlins.embassysuites.com | €€€).* Der attraktive neuere 18-Loch-Platz des *Guavaberry Golf & Country Clubs (Tel. 80 93 33 46 53 | Fax 80 93 33 30 30 | www.guavaberrygolf.com)* liegt nördlich des Boulevards an der neuen Autovía del Este.

TAUCHEN

Schnorcheltouren, Grundkurse und Tauchausflüge in deutscher Sprache bietet *Neptuno Dive Center (Hotel Colonia Tropical | Tel. 80 95 26 24 25 | Fax 80 95 26 25 38 | www.neptunodive.com).*

AM ABEND

CASABLANCA CAFÉ PIANO BAR ▶▶

Wem das Aura zu hip ist – hier gibts auch gute Cocktails und ab und zu Gastspiele von Starpianisten. *Plaza Perla Mar 1 | Calle Principal | tgl.*

Insider Tipp

ZIELE IN DER UMGEBUNG

CUEVA DE LAS MARAVILLAS ★ [125 F6]

20 km östlich auf halber Strecke nach La Romana erreicht man den Natio-

nalpark der „Wunderhöhle“. Eingebettet in einen botanischen Garten, ausgestattet mit einem Besucherzentrum und zu einem Drittel von einem 240 m langen Museumspfad mit automatischer Lichtanlage durchzogen, überstrahlt diese Höhle an Glanz alle anderen im Land. Zur archäologischen Kostbarkeit machen sie 500 mehr als 1000 Jahre alte magische Felszeichnungen der Taínourbevölkerung. *Di–So 9–17 Uhr | Eintritt 200 Pesos inklusive Führer*

SAN PEDRO DE MACORÍS [125 E6]

Wahrzeichen der nur rund 10 km von Juan Dolio entfernten, geschäftigen Stadt (217 000 Ew.) am Río Iguamo sind ihre großen Zuckerfabriken. Gegründet 1822, erlebte sie ihre Blütezeit nach dem Ersten Weltkrieg, als die Zuckerpreise hochschnellten. Die überwiegend aus Kuba stammenden Zuckerbarone machten damals aus San Pedro ein dominikanisches Havanna, wovon im Zentrum schöne restaurierte Häuser zeugen. Die alte Lok von 1912 auf der Rotonda am Ortseingang befuhr noch ein ursprünglich 245 km langes Schienennetz zwischen den Zuckerfabriken. Hoteltipp: *Howard Johnson Hotel Macorix | 170 Zi. | Calle Gastón F. Deligne | Tel. 80 95 29 21 00 | Fax 80 95 29 92 39 | www.hojo.com | €€*

An die zur Blütezeit zugewanderten Zuckerarbeiter von der englischsprachigen Karibikinsel La Tortola, die *cocolos,* erinnert der wenige Kilometer nördlich gelegene Ort *Batey Consuelo,* Geburtsort von Baseballstar Sammy Sosa. Dort steht noch eine alte Lokomotive von 1904.

>LOW BUDGET

- Günstiger zur *Isla Cabritos*? Fragen Sie einfach andere Ausflügler, ob man sich mit ins Boot setzen darf – dann zahlen alle nur noch ihren jeweiligen Anteil vom Festpreis für eine Ausflugsfahrt.
- Einfach schlafen wie in alten Travellerzeiten: im *Don Pedro (21 Zi. | Calle Principal 50 | Juan Dolio | Tel. 80 95 26 21 47 | arqjuandolio@hotmail.com | €)* mitten im Zentrum von Juan Dolio gleich gegenüber vom neu aufgeschütteten Strand.
- Freie Kost und Logis für Kinder unter fünf und freie Unterkunft (im Zimmer der Eltern) für Kinder unter 18 Jahren: Dieses Angebot vom *Hilton Santo Domingo* erlaubt es auch Familien, sich einmal ein Spitzenhotel zu gönnen.

LA ROMANA

[126 B4] **Auf der einen Seite pfeifende Zuckerzüge und eine quirlige Arbeiterstadt (202 000 Ew.), auf der anderen das Casa de Campo mit seinen Golfplätzen und Luxusvillen und dazwischen der hier ins Meer mündende Río Dulce: Das 1809 erstmals erwähnte, aber vermutlich viel ältere La Romana bietet spannende Kontraste.** Seit fast 100 Jahren gehört die La-Romana-Zuckerfabrik US-amerikanischen Unternehmen, und das Gelände des Casa de Campo war so etwas wie ihre private Wohnzone. Inzwischen wurde sein ehemaliger Privatflugplatz zu einem internationalen Flughafen ausgebaut und ist heute für viele Pauschaltouristen ein angenehmes Tor zu den Stränden der Süd-

Altos de Chavón: Im künstlichen Dörfchen von 1976 (!) Kolonialatmosphäre schnuppern

küste. Dazu gibt es inzwischen einen Anleger für Kreuzfahrtschiffe.

SEHENSWERTES

ALTOS DE CHAVÓN

Wunderschön thront das frei einem Kolonialdorf aus dem 16. Jh. nachempfundene Altos de Chavón hoch auf einem Felsplateau über dem Río Chavón. Erschaffen hat es 1976 als Ausflugsziel für die Casa-de-Campo-Gäste ein von Robert Copa (Filmausstatter von Federico Fellini und Luchino Visconti) inspirierter US-amerikanischer Architekt. Casa-de-Campo-Gäste haben freien Eintritt, andere zahlen 5 US$, können dafür aber die dominikanische *Tanzshow (Mo–Sa 10, 11, 12, 13, 14, 15 Uhr)* im Freilichttheater gratis genießen. Erlesene Souvenirläden, gute Restaurants, außerdem Zweigstelle der New Yorker Parson's School of Design. *Carretera la Romana–Higüey | tgl. 8–24 Uhr | www.altosdechavon.com*

ÜBERNACHTEN

CASA DE CAMPO

Mit mehreren Golfplätzen, *Centro Ecuestre* (Reitstall mit Parcours), Polofeld, Tenniscenter, Tontaubenschießgelände, Yachthafen und Segelschule ist es das exklusivste Sporthotel der Republik, wenn nicht der Karibik. Weltberühmt ist der Golfplatz *The Teeth of the Dog* von Pete Dye. *300 Zi., 150 Villen | Tel. 80 95 23 33 33 | Fax 80 95 23 85 48 | www.casadecampo.com* | €€€

RIVERVIEW

„Flussblick“ (auf den Río Dulce) hat man zwar allenfalls vom obersten Zimmer, aber sonst stimmt hier alles. Saubere, kleine Zimmer mit Bad und

TV, großer Parkplatz. *38 Zi. | Calle Restauración 17 | Tel. 80 95 56 11 81 | hotelriverview@gmail.com* | €

SANTANA BEACH RESORT & CASINO
Eine All-inclusive-Welt für sich an einem schönen Strand vor La Romana: 400 Zimmer, 37 *villas,* riesige Pools, vier Restaurants, dazu ein „Dorf" mit Supermarkt, Arzt, Friseur etc. *Playa Santana | Tel. 80 94 12 10 10 | Fax 80 94 12 18 18 | www.santanabeach.com* | €€€

FREIZEIT & SPORT

NAUTIC TERMINAL
Ugo L. Vezzola (spricht auch Deutsch) bietet u. a. Bootsausflüge zur Isla Catalina an. Bei ihm gibt es auch Tickets für Insider Tipp Fahrten mit dem Mississippidampfer auf dem Río Chavón. *Calle Benoto Monción 11 (am Río-Dulce-Ufer) | Tel. 80 95 50 81 56 | nauticterminal@hotmail.com*

ZIEL IN DER UMGEBUNG

ISLA CATALINA [126 B5]
Weil die nur knapp 10 km² große Insel alle Varianten eines insularen Ökosystems in sich vereint, wurde sie 1995 mitsamt ihren Riffen im Westen und dem Unterwassersteilhang im Süden Nationalpark. Vor allem aber locken drei herrliche Strände.

SANTO DOMINGO

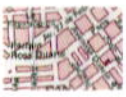
KARTE IN DER HINTEREN UMSCHLAGKLAPPE

[124 B6] **Santo Domingo ist heute eine moderne Metropole von rund 3 Mio. Ew. mit einer lichterfunkelnden Meile von Luxushotels, mit schicken Einkaufszentren, Stadtautobahnen und bald sogar einer U-Bahn, der Metro.** Aber in ihrer Altstadt, der ★ *Zona Colonial,* wird man in eine Zeit zurückversetzt, als dort noch spanische Edelleute und Abenteurer voller Eroberungshunger die Gassen bevölkerten. Denn Santo Domingos „koloniale Zone" ist die älteste in ganz Amerika – 1990 erklärte die Unesco sie zum Weltkulturerbe.

Kolumbus selbst hatte den Platz ausgesucht und 1496 seinen Bruder Bartolomé mit der Gründung beauftragt. Allerdings sollte er die Stadt am Ostufer des Río Ozama und unter dem Namen La Nueva Isabela erbauen. Bartolomé führte den Auftrag noch im gleichen Jahr aus. 1496 gilt deshalb als Gründungsdatum der dominikanischen Hauptstadt. Ein Hurrikan aber vernichtete La Nueva Isabela bald darauf. Der neue Gouverneur Nicolás de Ovando errichtete deshalb 1502 eine neue Stadt, jetzt am Westufer des Río Ozama und unter dem Namen Santo Domingo, weil sie an einem Ostersonntag geweiht wurde.

Spanische Entdecker und Abenteurer zog sie bald wie ein Magnet an, denn damals kannte man noch wenig von Amerika. Santo Domingo wurde schnell zum Ausgangspunkt fast aller spanischen Eroberungszüge ins heutige Lateinamerika. Als dann Diego de Colón anstelle seines mittlerweile verstorbenen Vaters Christoph Kolumbus den Titel eines Vizekönigs erhielt, zog in die junge Stadt auch noch höfischer Prunk ein.

Eine Blütezeit von kurzer Dauer, denn schon 1519 hielt die spanische

Krone Havanna auf Kuba für den besseren Haupthafen ihrer neuen Ländereien in Amerika. Viele Bewohner wanderten aus. Den Niedergang Santo Domingos beschleunigte noch der Pirat Francis Drake, der die Stadt 1586 plünderte. Es folgten unruhige Jahre unter wechselnden Kolonialherren, schließlich zerstörerische Kriege um die Erlangung der Unabhängigkeit.

Der Entdecker ist allgegenwärtig: Kolumbus-Denkmal am Parque Colón

Erst Anfang des 20. Jhs., während der US-Besatzungszeit 1916–1924, wuchs Santo Domingo über seine Altstadt hinaus. In den Dreißigerjahren benannte Diktator Rafael Trujillo sie selbstherrlich in Ciudad Trujillo um. In den Siebzigerjahren dann wuchs die Hauptstadt zu einer derart chaotischen Metropole heran, dass sie ab Mitte der Neunziger von Präsident Leonel Fernández grundlegend modernisiert werden musste. Die Eröffnung der neuen U-Bahn ist für 2008 geplant.

Zur Karibik hin rahmt die Hauptstadt eine prachtvolle, vierspurige Uferstraße mit Spazierboulevard unter Palmen an der felsigen Wasserseite, an der bei schwerer See die Gischt hochspritzt: die Avenida George Washington, meist nur Malecón genannt. Im äußersten Westen führt sie über die Stichstraße Avenida Jiménez Moya zu den Höhlenattraktionen im Parque Mirador del Sur bzw. weiter zur Autopista 2 in den Südwesten.

Im Osten geht sie über in den Paseo Presidente Billini zwischen der Altstadt und ihren alten Küstenbefestigungen wie dem Fuerte de San Gil. Er umrundet die Altstadt und mündet beim Kreuzfahrthafen in die Avenida Francisco Caamaño (auch Avenida del Puerto genannt). Am Ostufer setzt sich die Küstenstraße als Avenida España fort. Sie führt hinauf zum Faro a Colón am Parque Mirador del Este oder unten am Ufer entlang zum Aquarium.

SEHENSWERTES

ACUARIO **[O]**

Attraktion ist der durchsichtige Aquariumtunnel, in dem man die

Haie über sich schwimmen sehen kann. *Di–So 9.30–17.30 Uhr | Eintritt 50 Pesos | Av. España*

CALLE LAS DAMAS [U F5–6]

Ursprünglich die „Königliche Straße", weil sie auf den Palast zuführt, erinnert ihr Name an María de Toledo, Ehefrau von Diego Colón, die hier gern mit ihren Damen promenierte. Die Straße wurde zeitgleich mit der *Fortaleza Ozama (Mo–Sa 9–18, So 9–16 Uhr | Eintritt 15 Pesos)* angelegt, deren Reste sich hinter dem Portal de Carlos III zeigen: die mittelalterlich wirkende *Torre del Homenaje,* Spähturm, Verlies und Bürgermeisterresidenz. Von oben bietet sich ein herrlicher Blick auf die Mündung des Río Ozama. Von 1533 bis 1557 schrieb hier der königliche Chronist der Konquista, Gonzalo Fernández de Oviedo, seine „Historia General y Natural de las Indias".

Gleich daneben wohnten die Bastidas, eine der einflussreichsten Familien der frühen Kolonialzeit. In der *Casa Bastidas,* die einen arkadengeschmückten Innenhof besitzt, ist das *Museo Infantil* untergebracht (s. Kapitel „Mit Kindern reisen"). Gegenüber in der *Casa Francia* (heute Sitz der französischen Botschaft, keine Besichtigung) an der Ecke Calle Las Damas/Calle El Conde wohnte einst Hernán Cortés, der spätere Eroberer Mexikos.

Weiter Richtung Norden öffnet sich der Blick in die Heldengedenkstätte des *Panteón Nacional (tgl. 8 bis 18 Uhr | kein Eintritt)* in der ehemaligen Jesuitenkirche (1717–1767); Soldaten halten hier Ehrenwache an Gräbern verdienter Persönlichkeiten des Landes. Gegenüber, im Sofitel-Hotel Nicolás de Ovando, verbergen sich die historischen Mauern der *Casas de Ovando y Diego de Dávila,* Wohnsitze des Stadtgründers und des von ihm nach Hispaniola berufenen Ratsherrn Dávila. Die kleine *Capilla de los Remedios* ein Stück weiter mit

Seekuh (manatí) im Aquarium: Die massigen Tiere brauchen an die 90 kg Grünfutter pro Tag

In den Casas Reales residierten einst die spanischen Gouverneure

dem gestuften Glockengiebel war die Privatkapelle der Dávilas. Davor steht eine Sonnenuhr von 1753, die den Beamten in den gegenüberliegenden *Casas Reales (Di–Sa 9–17, So 10–16 Uhr | Eintritt 50 Pesos)* die Zeit anzeigte. Der nordwestliche Teil war Sitz des Gouverneurs, der südöstliche *Real Audiencia* (Gerichtshof). Innen ist das wichtigste historische Museum der Stadt untergebracht; zu sehen sind u.a. Nachbauten der Kolumbusflotte.

CALLE HOSTOS [U E4–5]

Hübsch auf einem Hügel an der Ecke zur Calle Emiliano Tejera thronen die Ruinen des *Monasterio San Francisco,* Mitte des 16. Jhs. von Rodrigo de Liendo erbaut. Einen Block weiter sind die Ruinen des bereits 1503 erbauten *Hospital San Nicolás de Bari* zu sehen, des ersten Krankenhauses in Amerika.

CALLE ISABEL LA CATÓLICA [U F4–6]

An der Ecke zur Calle Emiliano Tejera sehen Sie die berühmte Fassade der *Casa del Cordón* mit ihrer aus Stein gehauenen Kordel. Das Haus von Francisco Garay, der schon mit Kolumbus nach Hispaniola kam, gilt als ältestes der Stadt. Diego Colón bewohnte es, bis sein Palast fertig wurde. 1510 und 1511 wurden hier seine Kinder geboren.

Wer sich für die Geschichte der Dominikanischen Republik interessiert: Das Geburtshaus von Pablo Duarte in der Calle Isabel la Católica 308, heute *Museum (Mo–Fr 9–17, Sa 9–12 Uhr | Eintritt 10 Pesos)* gibt einen Einblick in das Leben des Republikvaters.

CALLE PADRE BILLINI [U E–F 5–6]

An der Ecke zur Calle Isabel la Católica ist das Colegio Santa Clara zu sehen, eine Grundschule in noch teilweise erhaltenen Mauern des ersten Frauenklosters Amerikas. Die alte Klosterkirche kann nach Anmeldung besichtigt werden.

In westlicher Spazierrichtung öffnet sich bald die kleine Plazoleta Padre Billini mit dem Denkmal des

Entdeckers der sterblichen Überreste von Christoph Kolumbus. Gegenüber sehen Sie die *Casa de Tostado (Mo–Sa 9–16 Uhr | Eintritt 40 Pesos)* aus dem Jahr 1510, die heute das Museum für dominikanische Wohnkultur des 19. Jhs beherbergt.

Weiter westlich führt die Calle Padre Billini zur Plaza Duarte mit der Kirche des *Convento de los Dominicanos* (1510), der Urzelle der ersten Universität Amerikas (Universidad de Santo Tómas de Aquino, gegründet 1538). In der Kirche hielt Fray Antón Montesino seine berühmte Adventsrede gegen die Ausbeutung der Indianer. Im Rücken der Kirche erinnert ein Denkmal an seinen besten Schüler, den Indianerbeschützer Bartolomé de Las Casas, der 1515 in der Kirche zum Priester geweiht wurde. Verbunden waren Kirche und Konvent früher mit der benachbarten *Capilla de la Tercera Orden.* Zwischen beiden Kirchen sind noch die Reste der Verbindungsmauern zu sehen.

Weiter westlich, an der Ecke Calle José Reyes, liegt die *Iglesia Regina Angelorum,* die Kirche eines Nonnenklosters. Sie besitzt sehr schöne, silbergeschmückte Altäre.

Monumental bis größenwahnsinnig: Zur 500-Jahr-Feier 1992 wurde der Betonkoloss des Kolumbusgrabmals, der Faro a Colón, eingeweiht

CATEDRAL SANTA MARÍA LA MENOR [U F5]

Die älteste Kathedrale Amerikas, entworfen vom italienischen Bischof Alessandro Geraldini und ab 1523 von Luís de Moya und Rodrigo de

Liendo erbaut, ist ein Mischbau aus Renaissance und Spätgotik. Den Grundstein soll Diego de Colón schon 1510 gelegt haben. Noch unvollendet, erhob sie der Papst zur „Catedral Primada de América". Den Haupteingang an der Calle Arzobispo Meriño verzieren üppige Steinmetzarbeiten. 1877 fand Padre Billini in der Kirche die (mutmaßlichen) Überreste von Kolumbus, für die zur 500-Jahr-Feier der Entdeckung Amerikas 1992 der Faro a Colón errichtet wurde. *Tgl. 8–16 Uhr | Parque Colón*

FARO A COLÓN [U F2]

Die Idee für dieses in Kreuzform errichtete Grabmal für Kolumbus, auf dem Lichtstrahler ein Kreuz in den Himmel projizieren können, ist über 150 Jahre alt. Verwirklicht wurde sie 1992. Das Grab von Kolumbus ist gleich am Eingang zu sehen. Dass auch Sevilla ein Kolumbusgrab besitzt, ficht die Führer nicht an. Auch nicht, dass 2006 ein DNA-Test die spanischen Gebeine als verwandt mit dem Kolumbusclan bestätigte. Neben dem Kolumbusgrab ist eine interessante Ausstellung u. a. zur Entdeckerzeit zu sehen. *Mirador del Este | Di–So 9–17.30 Uhr | Eintritt 60 Pesos*

FUNDACIÓN GARCÍA-AREVALO [O]

Sensationell fein ausgearbeitete Fundstücke aus der Taínozeit aus privaten Sammlungen. *Besuch nach Vereinbarung | Tel. 80 96 20 77 77, Apparat (extensión) 234 oder 235 | Eintritt frei | Calle San Martín 279 (im Pepsi-Cola-Hauptgebäude)*

JARDÍN BOTÁNICO [O]

Mit Ökomuseum, Wasserpflanzenpavillon, Kräuter-, Orchideen- und japanischem Garten sowie einem Fluss mit Wasserfall, der sich nahe dem benachbarten Zoo (s. Kapitel „Mit Kindern reisen") in den Río Isabela er-

> DER ERSTE GUERILLERO

Enriquillo und das Ende der Taíno

Die Dominikaner sind stolz darauf, den ersten Widerstandskämpfer Lateinamerikas in ihrer Geschichte zu wissen: Guarocuya war der Sohn des Kaziken – so nennt man die lokalen Führer der Indianervölker – von Baoruco. Er musste als Kind miterleben, wie sein Vater in einem Hinterhalt der Spanier verbrannte und wenig später die beliebte Taínofürstin Anacaona erhängt wurde. Er selbst wurde in Azua von Franziskanermönchen auf den Namen Enriquillo getauft und diente dann als Jugendlicher einem Großgrundbesitzer in San Juan de la Maguana. 1517, nach einer Auseinandersetzung mit seinem Herrn, flüchtete er und verschanzte sich mit den letzten Taíno, die Verfolgungen, Zwangsarbeit und Krankheiten überlebt hatten, in den Bergen im Südwesten des Landes. Dort trotzte er allen Nachstellungen. 1533 endlich schloss der spanische Kaiser Karl V. mit Enriquillo Frieden, hob die Zwangsarbeit auf und gab den letzten Taíno Land in Azua. Das einst so große Volk war da aber bereits auf rund 500 Menschen geschrumpft.

gießt, gehört der Botanische Garten zu den schönsten der Karibik. Mit einer kleinen Bahn kann man ihn bequem erkunden. *Tgl. 9–17 Uhr | Eintritt und Bahnfahrt jeweils 40 Pesos | Av. República de Colombia*

PARQUE DE LOS TRES OJOS [0]

Attraktion der dreiteiligen, 16 m tiefen Höhle ist die Floßfahrt über einen

Eines der drei „Augen": Karsthöhle im Parque de los Tres Ojos

unterirdischen See. Im dunklen, feuchten Klima gedeihen seltene Pflanzen und leben viele Fledermäuse. *Tgl. 8–17.30 Uhr | Eintritt 50 Pesos | Av. Las Américas/Parque Mirador del Este*

PARQUE COLÓN [U F5]

Kernstück der rechtwinkligen Stadtanlage von Nicolás de Ovando, angelegt 1502 und Vorbild aller spanischen Kolonialstädte. Heute ist der Platz mit seinen Läden, Cafés und Restaurants gegenüber der Kathedrale Treffpunkt von Touristen aus aller Welt.

PLAZA DE LA CULTURA [U B2–3]

Mit dem majestätischen *Teatro Nacional (www.teatronacional.com.do)* an der Hauptzufahrt und vier großen Museen repräsentiert der Platz Kunst, Kultur, Geschichte und Natur der Dominikanischen Republik. Das *Museo de Arte Moderno (Di–So 10 bis 17, Do bis 20 Uhr | Eintritt 20 Pesos)* spiegelt mit Werken wie Eligio Pichardos „El sacrificio del chivo" oder „La vida de los campesinos" von José Vela Zanetti das dominikanische Kunstschaffen wider. Das *Museo del Hombre Dominicano (Di–So 10–17 Uhr | Eintritt 5 US$)* bringt die multiethnische Gesellschaft des Landes näher. Im *Museo Nacional de Historia (Di–So 10–17 Uhr | Eintritt frei)* ist seine Geschichte dokumentiert – einschließlich des Wagens, den die Attentäter bei der Ermordung Trujillos fuhren. Und im *Museo Nacional de Historia Natural (Di–So 10 bis 17 Uhr | Eintritt 20 Pesos)* werden anschaulich die verschiedenen Ökosysteme des Landes vorgestellt. *Av. Máximo Gómez, Ecke Calle Pedro Henríquez Ureña*

PLAZA DE ESPAÑA [U F4–5]

Den herrlichen Platz mit den Boulevardlokalen vis-à-vis des *Alcázar de Colón (Di–So 9–17 Uhr | Eintritt 50*

Pesos), des Palasts von Vizekönig Diego Colón, ziert in der Mitte ein Denkmal des Stadtgründers Nicolás de Ovando. Zu beiden Seiten des Palasts führen Treppen hinunter zu den Hafentoren Puerta San Diego und Puerta de las Atarazanas Reales. Der Alcázar de Colón wurde 1510 aus Korallenstein gebaut und Mitte des 20. Jhs. rekonstruiert. Er dient heute als Museum, in dem viele kostbare Einrichtungsgegenstände einen guten Eindruck vom feudalen Lebensstil der ersten Kolonialherren vermitteln.

Flankiert wird der Palast zur Linken von *La Atarazana,* dem früheren Zoll- und Warenhaus aus dem Jahr 1503, das heute als *Museo de Arqueología Submarina (bei Redaktionsschluss jedoch geschl.)* dient. Hier werden Funde aus versunkenen Galeonen gehortet.

PUERTA DEL CONDE [U D5–6]

Am 27. Februar 1844 wurde hier die Unabhängigkeit der Dominikanischen Republik ausgerufen. Im *Parque de la Independencia,* der sich an das Tor anschließt, erhielten die Landesväter Duarte, Sánchez und Mella ein Ehrengrabmal, vor dem Soldaten Wache halten.

ESSEN & TRINKEN

CAFÉ BELLINI ▶▶ [U F5]

Feine italienische Küche im coolen Innenhofambiente mit Bonsai und asiatischer Palme. *Plazoleta Billini | Tel. 80 96 86 33 87 | So geschl. |* €€–€€€

LA BRICIOLA ▶▶ [U F5]

Magnet für Genießer stilvoller Gastronomie in historischen Mauern, geführt von Mailändern. Freitagabends erstklassige Jazz-Live-Konzerte. *Ca-*

> BÜCHER & FILME

Kongo und Vietnam in der Dominikanischen Republik?!

> **Die Zeit der Schmetterlinge** – Starke dominikanische Frauen sind das Thema der 1950 geborenen Julia Alvarez, die als Kind mit den Eltern in die USA emigrierte. In diesem Roman erzählt sie die Geschichte der unter Trujillo ermordeten Mirabal-Schwestern (und in „Im Namen der Salomé" von der dominikanischen Nationaldichterin Salomé Ureña).

> **Enriquillo** – Manuel de Jesús Galváns 1877 erschienenes Buch erzählt die Geschichte des Freiheitskampfs der letzten Taíno gegen die Spanier.

> **Apocalypse Now** – Hollywood nutzte die Dominikanische Republik schon für Szenen in Francis Ford Coppolas berühmtem Vietnamfilm oder in seiner Trilogie des „Paten" – fast alle Havanna-Szenen wurden in der Altstadt von Santo Domingo gedreht.

> **Der gute Hirte** – Spionagethriller von Robert de Niro. Auch hier dient das Kolonialflair der Altstadt Santo Domingos als „Double" für Havanna, andere Regionen außerdem als Kongokulisse.

> **ZDF-Reiselust: Dominikanische Republik** – Die DVD von 2005 liefert viele allgemeine Informationen, Eindrücke und schöne Bilder.

lle Arzobispo Meriño 152 a | Tel. 80 96 88 50 55 | www.labriciola.com.do | So geschl. | €€€

IL CAPPUCCINO [U B3]
Freunde italienischer Kochkunst werden hier gegenüber vom Teatro Nacional von einem venezianischen Küchenchef kulinarisch verwöhnt. Treffpunkt der Society. *Av. Máximo Gómez | Tel. 80 96 89 86 00 | tgl. | €€–€€€*

EL CONUCO [U C3]
Typisch dominikanische Küche, gekonnt und höchst erfolgreich mit Folkloreshow für Touristen (auch Gruppen) zelebriert. Reservierung empfohlen. *Calle Casimiro de Moya 152 | Tel. 80 96 86 01 29 | www.elconuco.com.do | tgl. | €€*

COSTELÃO [U F4]
Topadresse für saftige Steaks, Salate und köstliche Vor- und Nachspeisen, direkt an der Plaza España. *Calle Atarazana 19 | Tel. 80 96 88 27 73 | www.costelao.com | Mo–Fr mittags geschl. | €€€*

EL MESÓN DE LA CAVA [O]
Schon vom Ambiente her ein Muss: Das Restaurant liegt 50 Fuß unter der Erde in einer natürlichen, in ihren Ecken und Nischen romantisch ausgeleuchteten Höhle. Dominikanische und internationale Spezialitäten. *Av. Mirador del Sur | Tel. 80 95 33 28 18 | tgl. | €€€*

MESÓN LA QUINTANA [U F4]
Sehr gute spanische Küche und dazu einen super Überblick über die Res-

Alles andere als grottig: das Mesón de la Cava in einer natürlichen, unterirdischen Höhle

taurantmeile an der Plaza de España. *Calle Atarazana 1 | Tel. 80 96 87 26 46 | tgl.* | €€

Insider Tipp **VENUS BAR** [U D6]

Residententreff und ein prima Plätzchen für eine Sightseeingpause bei Sandwiches oder auf ein Bier am Abend. Inhaber der Cafeteria und Bar ist der Schweizer Walter Rufenacht. *Calle Palo Hincado 165 | Tel. 80 93 33 67 13 | tgl.*

EINKAUFEN

BERNSTEIN & LARIMAR

Große Auswahl an Bernstein- und Larimarschmuck und -steinen, dazu jeweils liebevoll gestaltete „Museen“ *(Eintritt frei)* bieten die Läden von Jorge Caridad: das *Museo Mundo de Ámbar ([U F4] Calle Arzobispo Meriño 452 | http://amberworldmuseum.com)* für Bernstein und das *Museo de Larimar ([U F6] Calle Isabel La Católica 54 | www.larimarmuseum.com).*

KUNST

Eine Institution in der dominikanischen Kunstszene ist die *Francisco Nader Art Gallery ([0] Calle Rafael Augusto Sánchez, Ecke Calle Federico Geraldino).* Die farbenfrohen Bilder von *Cándido Bidó* sind in der Galerie des Künstlers zu sehen *([U C2] Calle Dr. Báez 5).*

KUNSTGEWERBE, ZIGARREN & RUM

Wer Ramsch verabscheut, sollte unbedingt in den gehobenen Kunstgewerbeladen *Felipe & Co ([U F5] Calle El Conde 105/Parque Colón)* schauen. Die größte Auswahl an dominikanischen Rumsorten und Zigarren bietet – neben einer ganzen Etage mit geschmackvollem Kunstgewerbe – die *Columbus Plaza ([U F5] schräg gegenüber in der Calle Arzobispo Meriño 206).* Kurioses, Ramsch und Schnäppchen finden sich im alten *Mercado Modelo ([U D5] Av. Mella 505)* am Rand der Altstadt.

MODE

Exklusive dominikanische Designermode mit Larimar- oder Bernsteinverzierungen finden Sie in der Boutique *Jenny Polanco ([U E6] Calle Padre Billini 53).* Insider Tipp

ÜBERNACHTEN

ATARAZANA [U F4] Insider Tipp

Schöner wohnen ganz nah zur Plaza de España und doch ruhig bei Susanna und Bernard aus Deutschland. Mit viel Stilgefühl schufen sie eine kleine Hotelperle. *6 Zi. | Calle Vicente Celestino Duarte 19 | Tel. 80 96 88 36 93 | www.hotel-atarazana.com* | €€

EL BEATERIO [U E6]
Ein Traum für Liebhaber historischer Hotels. Man fühlt sich um Jahrhunderte zurückversetzt und genießt trotzdem allen Komfort. *11 Zi. | Calle Duarte 8 | Tel./Fax 80 96 87 86 57 | www.elbeaterio.fr* | €€

COURTYARD SANTO DOMINGO [U B3]
Ideal für Business und Kultur, nah zum Theater und zur Plaza de la Cultura. *145 Zi. | Calle Máximo Gómez 50 a | Tel. 80 96 85 10 10 | Fax 80 96 85 20 03 | www.marriott.com* | €€€

Insider Tipp **EUROPA** [U F5]
Stilvolles Hotel in einem historischen Haus mit hohen, großen Räumen und schönen alten Fliesenböden. Zimmer 302 bietet Balkonblick in die Altstadt. Gutes Restaurant auf dem Dach. *2 Suiten, 52 Zi. | Calle Arzobispo Meriño/Calle Emiliano Tejera | Tel. 80 92 85 00 05 | Fax 80 96 85 16 33 | www.antiguohoteleuropa.com* | €€–€€€

HILTON SANTO DOMINGO [U B4]
Die jüngste Errungenschaft der Tophotellerie in Santo Domingo. 21 Stockwerke, fast alle Zimmer mit atemraubendem Meerblick, Poolterrasse, Unterhaltungs- und Ausflugsangebot sowie Kinderprogramm. *228 Zi. | Av. George Washington 218 (Malecón-Center) | Tel. 80 97 31 41 24 | Fax 80 97 31 41 41 | www.hiltoncaribbean.com/santodomingo* | €€€

MELIÁ SANTO DOMINGO & CASINO [U C4]
Gleichermaßen auf Business und Urlaub zugeschnittenes Renommierhaus der spanischen Hotelkette. *245 Zi. | Av. George Washington 365 | Tel. 80 92 21 66 66 | Fax 80 92 21 16 73 | www.solmelia.es* | €€–€€€

MERCURE COMERCIAL [U E5]
Hier wohnen Sie ganz zentral umspült vom Treiben auf der Calle El Conde. *96 Zi. | Calle Hostos/Calle El Conde | Tel. 80 96 88 55 00 | Fax 80 96 88 55 22 | www.accor-hotels.com* | €€

HOSTAL NICOLÁS NADER [U E5]
Wohnen wie im Kunstmuseum – und dazu in einem geschichtsträchtigen Haus, das 1502 für Pedro de Alvarado, den Eroberer Guatemalas, erbaut und 1516 zum Jesuitenkolleg wurde. *10 Zi. | Calle General Luperón 151/Calle Duarte | Tel. 80 96 82 68 48 | Fax 80 96 87 78 87 | www.naderenterprises.com* | €€

PALACIO [U E5]
Früher bewohnte diesen Stadtpalast der ehemalige Präsident Buenaventura Báez. Heute führt ihn der Deutsche Joachim Wagner als feines Stadthotel. *34 Zi. | Calle Duarte 106/Calle Salomé Ureña | Tel. 80 96 82 47 30 | Fax 80 96 87 55 35 | www.hotel-palacio.com* | €€€

RENAISSANCE JARAGUA HOTEL & CASINO [U C3]
Einst einsame Klasse, trotzt das gute alte Jaragua unter Marriott-Management erfolgreich der gewachsenen Konkurrenz. High-Speed-Internet-

zugang in den Zimmern, WLAN mit gutem Signal in Lobby und Coffee Bar. *294 Zi. | Av. George Washington 367 | Tel. 80 92 21 22 22 | Fax 80 92 21 82 71 | www.renaissancehotels.com | €€–€€€*

Insider Tipp **SOFITEL NICOLÁS DE OVANDO** [U F5]
Hotel in der ehemaligen Residenz des Stadterbauers Nicolás de Ovando. Von der Poolterrasse blickt man auf den Río Ozama, und zur Plaza España sind es nur ein paar Schritte. *104 Zi. | Calle Las Damas | Tel. 80 96 85 99 55 | Fax 80 96 86 65 90 | www.sofitel.com | €€€*

AM ABEND

ATARAZANA 9 [U F4]
Beliebte Diskobar in altem Gemäuer zwischen Alcázar und Plaza de España. *Mo–Sa ab 20 Uhr| Calle Atarazana 9*

CINEMA CAFÉ [U B2–3]
Tagsüber Café, abends Livemusik (Programm auf der Website). Kulinarisch der Hit ist zurzeit „Sushichillout" (Sushiabende mit Musik). Immer sonntags zeigen Kunstgewerbler hier ihre Werke. **Insider Tipp** *So–Do 9–24, Fr/Sa 9–2 Uhr | Plaza de la Cultura | www.cinemacafe.com.do*

Im Stadtpalast des heutigen Hotel Palacio residierte einst sogar ein Präsident

Tanzen in der Tropfsteinhöhle: Guácara Taína bietet das besondere Diskoerlebnis

GUÁCARA TAÍNA [O]

Tanzen unter Stalaktiten in der größten Diskohöhle (350 m^2, zwei Ebenen, Platz für fast 2000 Leute) – ein gigantisches Erlebnis. Leider unregelmäßig geöffnet. *Parque Mirador del Sur, Av. Rómulo Betancourt 655 | Tel. 80 95 33 10 51 | www.guacarataina.net*

NOWHERE ▶▶ [U E–F5]

Heiße Disko mit Treppchen, Hintertürchen, schummrigen Séparées, versteckten Bars und Tanzboden unter einer Glaskuppel im Patio. *Mi–Sa ab 22 Uhr | Calle Hostos 205*

PARADA 77 [U F5]

Beliebter Platz zum Abhängen. Oft kann das Lokal seine große Fangemeinde gar nicht fassen. Drinnen haben sich Gott und die Welt an den Wänden verewigt. *Tgl. ab 20 Uhr | Calle Isabel la Católica 255*

AUSKUNFT

SECRETARÍA DE ESTADO DE TURISMO [U F5]

Calle Isabel La Católica 103 (Palacio Borghella am Parque Colón) | Tel. 80 96 86 38 58

ZIELE IN DER UMGEBUNG

BANÍ/LAS SALINAS [123 D6] Insider Tipp

In der knapp 70 km westlich gelegenen Stadt (107 000 Ew.) erinnert ein kleines *Museum (Mo–Sa 9–12 Uhr | Calle Máximo Gómez)* an Máximo Gómez, einen großen Helden des kubanischen Unabhängigkeitskampfes im 19. Jh., der hier 1836 geboren wurde.

Von Baní führt eine Straße südwestwärts zu den höchsten (leider grausandigen) Dünen des Landes im Fischer- und Salinendorf *Las Salinas* (etwa 25 km). Es breitet sich auf einer Landzunge vor der schönen Bahía de Las Calderas aus. An der

Landspitze kann man sehen, wie Salz in Salinen gewonnen wird. Mehrere Fischrestaurants und das gute Hotel *Salinas (45 Zi. | Puerto Hermoso 7 | Tel. 80 93 10 81 41 | €–€€)* am Yachthafen laden zu Einkehr oder Übernachtung ein.

SAN CRISTÓBAL UND NIGUA [123 E5]

San Cristóbal, die 30 km westlich von Santo Domingo gelegene Geburtsstadt (220 000 Ew.) von Rafael Leónidas Trujillo, ist seit Mario Vargas Llosas Roman über das Leben des Diktators, „Das Fest des Ziegenbocks", Ziel so mancher Spurensucher. Kundige Fremdenführer *(beim Secretaría de Estado de Turismo im Gebäude der Gobernación | Av. Constitución | Tel. 80 95 28 18 44)* helfen dabei und führen u. a. in die Gruft der Iglesia Nuestra Señora de Consolación, in der der ermordete Diktator drei Monate ruhte.

Geschlossen wegen Restaurierungsarbeiten sind derzeit die sehenswerten nahen Höhlen des Nationalparks *Cuevas de Borbón* (viele Felszeichnungen aus der Taínozeit). Interessierte finden aber im Küstenvorland von San Cristóbal an der Mündung des Río Nigua die Ruinen von zwei alten Zuckermühlen: der *Ingenio Boca de Nigua* (18. Jh.) und der *Ingenio Diego de Caballero* (16. Jh.), der vermutlich die älteste Zuckermühle Amerikas ist *(Zufahrt an der Straße Nigua–Najayo, nach der Brücke über den Río Nigua beim Colmado links)*. Im 16. Jh. war Nigua das Zuckerzentrum Hispaniolas.

Wer in der Gegend übernachten will, wird sich im wenige Kilometer weiter südwestlich gelegenen Hotel *Najayo Beach (18 Zi. | Carretera Najayo–Palenque | Tel. 80 98 50 55 08 | hotelnajayo@yahoo.com | €)* am Palmenstrand wohlfühlen.

Bei Baní und Las Salinas können Sie sehen, wie aus Meerwasser Salz gewonnen wird

> JUWELEN UNTER KOKOSPALMEN

Traumstrände säumen die Costa de Coco. Von der idyllischen Halbinsel Samaná trennt sie nur die Kinderstube der Buckelwale, die Samaná-Bucht

> Die Mehrzahl aller Feriengäste landet auf dem Flughafen Punta Cana, überwiegend Pauschalurlauber – denn bis auf wenige Ausnahmen ist die Region Bávaro-Punta Cana eine Region der All-inclusive-Hotels. Eingebettet sind sie in kilometerlange, puderfeine, weiße Palmenstrände, vor denen das Meer helltürkis schimmert. Noch im 20. Jh. war diese Küste eine so unterentwickelte Region, dass die Regierung den Bewohnern gratis Land anbot, mit der Auflage, es für Kokosplantagen zu nutzen. So entstanden die herrlichen Palmenhaine, die dieser Küste den Namen Costa de Coco einbrachten. In den Achtzigerjahren dann entdeckte der Club Méd die einzigartige Schönheit der Region. Und Anfang der Neunziger begann der Bauboom. Inzwischen gibt es zwischen Uvero Alto im Norden und dem Kap Cana im Süden rund 40 Ferienresorts, darunter etliche Fünfsternehäuser.

Bild: Strand in Las Terrenas

DER OSTEN

Hoch im Nordwesten neigt sich die Costa de Coco der 60 km langen und 15 km breiten Samanábucht zu. Wo diese sich zum Atlantik hin öffnet, rahmt die Küste ein urwüchsiges, von Lagunen durchsetztes Tiefland mit dem Nationalpark Laguna Redonda y Limón. In der Tiefe der Bucht breitet sich die riesige Karstlandschaft des Nationalparks Los Haïtises aus. Die Bucht selbst ist zwischen Januar und März Tummelplatz seltener Buckelwale, die in die warmen Gewässer kommen, um ihre Jungen zu gebären oder sich zu paaren.

Im Norden schließt die bergige Samanáhalbinsel die Bucht ab. Die schönsten Palmenstrände liegen dort in Las Terrenas, Las Galeras und auf der Insel Cayo Levantado. Den Hauptort Samaná verwandelten Investitionen der spanischen Hotelgruppe Piñero in eine weitere Topdestination im Land.

BÁVARO-PUNTA CANA

[127 E–F 3–4] Die Region Bávaro-Punta Cana ist kein Bummelparadies, von vereinzelten Shoppingzentren einmal abgesehen – und vom Strand, auf dem Sie kilometerweit wandern können. Man landet, kurvt kilometerweit über Straßen und ist dann plötzlich beim Hotel, ohne dass man zunächst mehr als dessen Schranke und den Wächter zu Gesicht bekommt. Fast ausschließlich handelt es sich um riesige Anlagen, die ihr Inneres sorgsam mit Hecken und Zäunen vor den Blicken Neugieriger schützen.

Rund 40 All-inclusive-Hotels haben sich mittlerweile an der herrlichen Küste dieser Topdestination eingenistet – und immer noch entstehen neue. Fast fertig ist die neue Umgehung der Cruce de Friusa; sie verkürzt die Fahrzeit vom Flughafen Punta Cana nach Bávaro erheblich. Unverfälscht dominikanisch geht es noch um Cabeza de Toro, Macao und Uvero Alto zu.

ESSEN & TRINKEN

ASADOR ARGENTINO

Der Name hält, was er verspricht: Hier gibts saftige Steaks aus Argentinien in zünftiger Ranchatmosphäre. *El Cortecito | Tel. 80 97 71 43 57 | tgl.* | €€

MESÓN ESPAÑOL ROCÍO

Hinter der unscheinbaren Tür verbirgt sich ein kleiner Gourmettempel für Freunde spanischer Küche. Insider Tipp Spitze sind hier auch die Kuchen! *Plaza Brisas, Local 2 | Tel. 80 95 52 14 79 | So geschl.* | €€–€€€

EL NAVEGANTE

Barfuß unterm Palmdach Languste oder andere Köstlichkeiten aus dem Meer genießen, bis zum Riff blicken und baden gehen – hier ists noch ohne Touristentrubel möglich. *Playa Uvero Alto | Tel. 80 95 52 61 66 | tgl.* | €–€€

EL PULPO COJO ▶▶

Der rote Schiffsbug des Insidertreffs ragt unübersehbar in den Palmenhain am Strand – direkt dort, wo die Fischer ihren Fang wiegen und verkaufen: Frischegarantie! *Cabeza de Toro | Tel. 80 92 72 88 75 | So-Abend und Mo geschl.* | €–€€

EINKAUFEN

Das Angebot der Ladenmeilen in den All-inclusive-Hotels ergänzen die Souvenirmärkte Einheimischer (hier kann man handeln!) an bestimmten Strandabschnitten, z. B. der *Playa El Cortecito*. Zum Stöbern laden außerdem die zahlreichen Souvenirläden in der *Plaza Bávaro* sowie gegenüber

DER OSTEN

An den schier endlosen Stränden der Costa de Coco um Bávaro-Punta Cana können Strandläufer ihren Run mühelos zum Marathon ausdehnen

in der *Plaza Punta Cana* ein. Hübsche Mode gibts in der *Boutique Mona Lisa (Plaza Brisas, Local 301).*

ÜBERNACHTEN

Die Mehrheit der Hotels in Bávaro-Punta Cana sind Ferienresorts, die ihre Betten nur an Veranstalter verkaufen. Die Entscheidung für ein Resort muss also schon zu Hause anhand der Kataloge fallen. Die Auswahl ist groß, vertreten sind fast alle Hotelgesellschaften von Rang und Namen, vom Pionier *Club Med (www.club-med.de)* bis zu *Barceló (www.barcelo.com), LTI (www.lti.de)* oder *Super-Clubs (www.superclubs.com)*. Fünfsterneresorts bieten z.B. *Iberostar (www.iberostar.com)* und *RIU (www.riu.de)*. In den exklusiven Club von The Leading Hotels of the World wurden das von Oscar de la Renta gestaltete Boutiquehotel *Tortuga Bay (www.puntacana.com)* und das *Paradisus Palma Real (www.solmelia.com)* aufgenommen. Zu einem superexklusiven Resort mit privaten Villen, drei Golfplätzen und dem größten Yachthafen im Land baut derzeit Investor Donald Trump das

MARCO POLO HIGHLIGHTS

★ **Pueblo de los Pescadores**
Urige Restaurantmeile in alten Fischerhütten am Strand von Las Terrenas (Seite 66)

★ **Buckelwale**
Zu Jahresbeginn können Sie in der Bahía de Samaná Wale beobachten (Seite 68)

★ **Parque Nacional Los Haïtises**
Bootsfahrt durch tropischen Dschungel (Seite 64)

★ **Parque Nacional Laguna Redonda y Limón**
Ein Naturparadies gar nicht weit von den All-inclusive-Hotels (Seite 63)

Cap Cana (www.capcana.com) weiter aus. Auch vor Ort buchbare Hotels sind z. B.:

CORTECITO INN

In dem kleinen Ferienhotel wohnt man mitten im inzwischen ziemlich trubeligen El Cortecito. Pool und zwei Restaurants (eins mit guten Fischgerichten direkt am Strand). *67 Zi. | Tel. 80 95 52 06 39 | Fax 80 95 52 06 41 | €–€€*

NARAGUA

Gepflegtes Mittelklassehotel in Spaziernähe zur Playa Cabeza de Toro; Parkplatz. Große, helle Zimmer mit Bad, Klimaanlage und TV. *17 Zi. | Carretera Cabeza de Toro | Tel. 80 96 88 40 60 | €*

FREIZEIT & SPORT

Vielerlei Aktivitäten und Ausflugsprogramme sorgen in den Resorts für Kurzweil. Die Iberostar-Resorts z. B.

>LOW BUDGET

> Einfach, aber romantisch wohnen Sie in den *Bohíos Cabaña Playa,* zwei einfachen Hütten direkt am Strand, die zur ▸▸ *Posada de Piedra (Tel./Fax 80 92 21 07 54, www.laposadadepiedra.com, €–€€)* in El Cortecito gehören, einer netten, familiären Pension mit Internetcafé, Laden und fünf Zimmern. Rechtzeitig reservieren!

> Eine preiswerte, beliebte Anlage mit sieben Zimmern in sieben Gartenhäuschen ist das *Paradisus (Calle Principal, Tel. 80 93 42 69 55, €)* in Las Galeras. Rabatt gibts für Zimmer Nr. 7 – weil es an der Straße liegt.

bieten Bachata-, Merengue-, Salsa- und Steptanzunterricht, Sprachkurse in Spanisch, Bogen- oder Gewehrschießen, Stretching und vieles mehr. Aushäusige Aktivitäten werden an den Veranstalterdesks vermittelt, z. B. Reitausflüge, „Safaris" mit Jeep, Buggy oder Quad (vierrädriges Moped) oder abenteuerliche Kurzflüge mit dem *Flying Boat (Startbasis in Cabeza de Toro, Tel. 82 96 97 47 49),* einem Schlauchboot-Motorsegler.

Insider Tipp

DOLPHIN ISLAND/ MARINE PARK & AQUARIUM

Zwei eingezäunte Naturbassins vor der Küste locken zu Katamaranfahrten: Im *Dolphin Island* kann man 15 Minuten mit Delphinen schwimmen, im *Marine Park & Aquarium* zu Katzenhaien und Stachelrochen abtauchen. *Halbtagesausflug mit Abholservice | Buchung in den Resorts*

GOLF

Vier erstklassige Golfplätze stehen zur Wahl, vom *Cocotal Golf & Country Club* im Palmenhain bis zum gerade eröffneten, exklusiven *Punta Espada Golf Club* von Jack Nicklaus am Luxusresort Cap Cana. *www.lawebdegolf.com/campos/dominicana.php*

TAUCHEN

13 Tauchbasen verteilen sich vor den Hotels. Eine gute Adresse ist z. B. *Pelicano Divers (Tel./Fax 80 95 52 17 20, www.pelicanodivers.de)* in El Cortecito, das rund 20 Tauchplätze ansteuert.

AM ABEND

HOT SPOT ▸▸

Insider Tipp

Der neue Szenetreff, versteckt in einer Höhle. Hier kommen Insider zu

DER OSTEN

In die Kathedrale von Higüey strömen im Januar die Wallfahrer

Cocktails und (Live-)Musik zusammen. Auch Partys und andere Events. *Zwischen Plaza Brisas und Apartamentos Castillo | Fr/Sa 20– 2 Uhr | www.hotspot-bavaro.com*

MANGÚ

Der Dauerbrenner unter den Hoteldiskos – ab 23 Uhr für alle zugänglich und bis 3 Uhr geöffnet (weil die 2006 fürs Wochenende eingeführte Sperrstunde um 2 Uhr für Hotels nicht gilt). *Hotel Occidental Flamenco Beach*

ZIELE IN DER UMGEBUNG

HIGÜEY **[127 D3]**

Für viele ist die Provinzmetropole (141 000 Ew.) nur ein lästiges Nadelöhr auf dem Weg ins rund 50 km entfernte Punta Cana. Die elegant geschwungenen Turmbögen der *Basílica Nuestra Señora de Altagracia* werden dabei meist nur im Vorbeifahren wahrgenommen. Dabei gehört die 1971 geweihte Kirche architektonisch zu den berühmtesten Lateinamerikas. Für die Dominikaner ist sie die wichtigste überhaupt, denn im Innern birgt sie das Heiligenbild der Schutzpatronin des Landes. An ihrem Festtag, dem 21. Januar, ist dann in der Stadt vor lauter Pilgern wirklich kein Durchkommen mehr. Ein Schmuckstück aus dem 16. Jh. ist die trutzige *Iglesia de San Dionisio* am Parque Altagracia. In ihr war das Heiligenbild früher untergebracht

Insider Tipp

PARQUE NACIONAL LAGUNA REDONDA Y LIMÓN ★ **[126 B1]**

Wer gern mitten in fast unberührter Natur beim wilden Palmenstrand El Limón und der Laguna Limón wohnt, sollte sich in Walter Brandles Hotelrestaurant *La Cueva (6 Zi. | Zufahrt ab El Cedro | Tel. 80 94 70 08 76 | www.lacuevalimon.com | €)* mit Restaurant, Reit- und Bootsausflügen einquartieren. *Miches,* das Tor zu den schönen Stränden der Costa Esmeralda und zur Lagunenlandschaft des Naturparks Laguna Redonda y Limón, liegt an einer malerischen Flussmündung in die Samanábucht rund 70 km nordwestlich von Báva-

Im Karst von Los Haïtises sind viele Höhlen und Grotten entstanden

ro. Die Stadt (21 000 Ew.) beleben nur wenige Touristen, aber auf dem Hausberg thront ein gutes Hotel mit Restaurant unter Schweizer Leitung und großen Balkonzimmern, von denen sich der schönste Ausblick im Land bietet: das *La Loma (Tel. 80 99 80 79 00 | Fax 80 95 53 55 64 | www.puntaelrey.com | €€)*.

Insider Tipp

PARQUE NACIONAL LOS HAÏTISES ★ [124–125 C–D 2–3]

Aus der Luft sehen seine Kegelberge wie ein Eierkarton aus, vom Boot aus kann man gut verstehen, dass dieses von Kanälen durchzogene große Karstgebirge einst ein ideales Piratenversteck war. Größte Attraktion des 1208 km² großen Nationalparks sind die Taínozeichnungen in den Höhlen *La Arena* und *La Línea* sowie seine urwüchsige tropische Vegetation und reiche Tierwelt. Der Eingang zum Nationalpark liegt rund 120 km nordwestlich (Achtung: schlechte Straße!) am Ortsausgang von Sabana de la Mar beim Hotel *Paraíso Caño Hondo (26 Zi. | Tel. 80 92 48 59 95 | Fax 80 92 48 59 94 | www.paraisocanohondo.com | €€)*. Das Ökohotel bietet Bootstouren in den Park an. Urwaldfreunde sollten sich den neuen, 3,8 km langen, rund zweistündigen Regenwaldpfad nicht entgehen lassen. Führer findet man beim *Infozentrum der Nationalparkverwaltung (Tel. 80 95 56 73 33). Nationalparkeintritt: 50 Pesos | Ausflüge mit Führer ab etwa 30 Euro*

LAS GALERAS

[125 F1] Der verschlafene Ferienort (5200 Ew.) an der Ostspitze der Halbinsel Samaná breitet sich um einen überschaubaren schönen, weißen Sandstrand aus, auf den die Fischer ihre Boote heraufziehen und auf dem der Fang in kleinen hölzernen Garküchen gebrutzelt wird. Lohnende Ziele in der Umgebung sind die große, geschwungene, weiße *Playa Rincón* im Westen *(ausgeschilderte Zufahrt vor dem Ort | www.playarincon.com)* und im Osten die einsamen

Strände *Playa Madama* und *Playa Frontón.* Letztere sind bequem mit dem Boot vom Ortsstrand aus zu erreichen. Wer zu Fuß gehen will, kann sich vorher dazu die Wanderkarten im Museo de la Ballena in Samaná besorgen.

ESSEN & TRINKEN

CHEZ DENISE

Hier versteht man sich bestens auf die Zubereitung leckerer Crêpes, z.B. mit Käse und Spinat. Eine weitere Spezialität ist Fisch mit Kokossauce. *Carretera Principal | Tel. 80 95 38 02 19 | So geschl.* | €

ITALIANO PLAZA LUSITANIA

Gewissermaßen das Speisezimmer des Orts, mit bestem Blick auf das zentrale Geschehen im einzigen Einkaufszentrum (oben gutes Hotel!). Atmosphäre und Küche sind gediegen, der Service ist zuvorkommend. *www.plazalusitania.com | Tel. 80 95 38 00 93 | tgl.* | €–€€

ÜBERNACHTEN

CASA LOTUS

Privates kleines Paradies mit großem Blumengarten bis an den Klippenrand. Zwei behagliche Zimmer und ein sehr schönes, geräumiges Apartment. *Calle Villa Serena | Tel. 80 95 38 01 19 | www.casalotus.ch.vu* | €–€€

CASA MARINA BAY

Die familienfreundliche All-inclusive-Anlage bietet Rundumservice von Animation bis Kinderbetreuung. *284 Zi. | Playa Cala Blanca | Tel. 80 95 38 00 20 | Fax 80 95 38 00 40 | www.amhsamarina.com* | €€€

SOLAZUL

Rustikale Bungalows mit luftigem Palmdach verbreiten hier Strandhüttenflair. Feine Küche, Pool, nah zum Strand. *3 Zi. | an der Straße zum Casa Marina | Tel. 82 98 82 87 90 | www.solazur.ch* | €€

VILLA SERENA

Das wunderschöne Hotel im viktorianischen Stil ist nicht nur bei Hochzeitsreisenden beliebt. Vom Gartenpool bietet sich ein schöner Blick auf die felsige Küste. *21 Zi. | Tel. 80 95 38 00 00 | Fax 80 95 38 00 09 | http://villaserena.com* | €€€

FREIZEIT & SPORT

TAUCHEN

Scuba Libre (PADI | Casa Marina Bay | Tel. 80 95 38 00 20, extensión 29 59)

Palmenstrand im Fischerdorf: Las Galeras ist längst kein Geheimtipp mehr

Von Sushi bis Pizza: eines der Restaurants im Pueblo de los Pescadores

steuert u.a. die Riffe vor der Playa Rincón und der Playa Frontón an. Ausritte bietet *Enzo's Rancho (Tel. 80 96 27 14 70 | www.enzos-rancho.com).*

LAS TERRENAS

[125 D1] ▶▶ Für Individualtouristen sicher der schönste Fleck im Land: Multikultiflair, kreativ, jung, ein bisschen verrückt und doch authentisch karibisch, schließlich war Las Terrenas (14 000 Ew.) ursprünglich ein Fischerdorf. Etliche der ehemaligen Fischer sind heute Laden- oder Gästehausbesitzer, doch blieben sie bodenständig und sind so die ideale Ergänzung für das bunte Volk, das in Hotels, Restaurants und Geschäften den Traum von einer neuen Existenz in tropischer Wärme verwirklicht. Erreichbar über eine Stichstraße vom Ort, breiten sich die schönsten Strände aus: *Playa Bonita* und *Playa Cozón.*

ESSEN & TRINKEN

ATLANTIS ▶▶

Insid Tip

Lassen Sie sich vom ehemaligen Leibkoch des früheren französischen Präsidenten François Mitterrand verwöhnen! Hier kann man auch gut wohnen. *Playa Bonita | Tel. 80 92 40 61 11 | tgl. | €€€*

LA CAPANNINA

Alles frisch zubereitet und unter hübschem Palmendach mit Meerblick: Spaghetti *frutti di mare,* Pizza oder Risotto. Der Inhaber stammt aus Sardinien. *Calle 27 de Febrero 23 | Tel. 80 98 86 21 22 | tgl. | €€*

PUEBLO DE LOS PESCADORES ★ ▶▶

Das „Dorf der Fischer" ist ein Unikum im Land. Die alten Fischerhütten direkt am Strand wurden in kleine, feine Restaurants und Bars mit kleinen hölzernen Veranden zum Meer umgewandelt. Nicht versäumen dürfen Sushifans hier einen Besuch des *Wasabi (Tel. 80 92 40 63 37 | Mo und mittags geschl. | €€€).* Zum Cocktail und später zum Tanz geht man gegenüber in die Loungebar ▶▶ *Café Atlántico (Tel. 80 92 40 66 48 | €€–€€€).* Die – alle inzwischen ziemlich teuren – Restaurants im Dorf öffnen ab 18 Uhr.

EINKAUFEN

Designerläden, feine Boutiquen, ein Weindepot – der *Paseo de la Costanera* im Zentrum, erbaut im Stil einer Taínoschilfhütte, macht dem kreativen Las Terrenas alle Ehre und findet seine Fortsetzung in der Plaza gegenüber. Kunstinteressierte treffen in der benachbarten *Haïtian Caraibes Art Gallery* einen echter Kenner an – sofern sie der im viel zu kleinen Käfig eingesperrte Nashornleguan vor dem Laden nicht abschreckt. Eine erlesene Auswahl an dominikanischem Kunstgewerbe bietet unweit *Nativ'Arte (Calle Duarte 270).*

Insider Tipp

ÜBERNACHTEN

ACAYA
Hübsch aufpoliertes Strandhotel in ruhiger Lage mit sehr gutem Restaurant und der beliebten Bar *Color-Café*. *20 Zi.* | *Playa Bonita* | *Tel. 80 92 40 61 61* | *Fax 80 92 40 62 97* | *www.hotelacaya.com* | €–€€

Insider Tipp

BAHÍA LAS BALLENAS
Eins der ersten Hotels in edel-rustikalem Ökodesign. Elegante Zimmer mit viel Naturmaterialien. *33 Zi.* | *Playa Bonita* | *Tel. 80 92 40 60 66* | *www.bahia-las-ballenas.net* | €€€

COYAMAR
Insider Tipp

Wie geschaffen zum Träumen unter Palmen – das Hotel der Exmünchner Peter und Judith verzaubern viele kreative Details. *10 Zi.* | *Playa Bonita* | *Tel. 80 92 40 51 30* | *Fax 80 92 40 51 41* | €€

LA DOLCE VITA RESIDENCE
Neues Apartmenthotel am Strand. Pool mit Jacuzzi, Parkplatz, Kabel-TV und DSL. *14 Apartments* | *Calle 27 de Febrero* | *Tel. 80 92 40 50 69* | *Fax 80 92 40 50 72* | *www.ladolcevitaresidence.com* | €€–€€€

GRAN BAHÍA PRÍNCIPE EL PORTILLO
Unter dem Management der spanischen Piñero-Gruppe schmücken das gute alte El-Portillo-Resort jetzt fünf Sterne. *204 Zi.* | *El Portillo* | *Tel. 80 92 40 61 00* | *Fax 80 92 40 61 04* | *www.bahia-principe.com* | €€€

VIVA WYNDHAM SAMANÁ
All-inclusive-Hotel am schönsten Strand. *218 Zi.* | *Playa Cozón* | *Tel. 80 92 40 50 50* | *Fax 80 92 40 55 36* | *www.vivaresorts.com* | €€€

FREIZEIT & SPORT

OUTDOOR
Könner oder Anfänger im Kitesurfen, ▶▶ Wellenreiten, Kajak- und Mountainbikefahren haben die Wahl zwischen *Pura Vida (Calle Libertad 2* | *Tel. 80 99 64 70 51* | *www.puravidacaraibes.com)* und dem *Canal Kite Club (Tel. 80 92 40 65 56).*

REITEN
Ausritte bieten die *Safe Rancho (hinter dem Hotel Las Cayenas* | *Tel. 80 98 47 48 49)* und das *Horsecenter Pati'Coco (Straße zur Playa Cozón* | *Tel. 80 99 06 29 31)* an.

TANZEN
Pipo Alcalá, Samuel Brown und Maribel Cruz unterrichten in ihrer *Escuela de de Baile Salsa Caribe (Plaza Casa Linda* | *Tel. 80 98 80 46 09, www.salsacaribevent.com)* Salsa, Bachata, Merengue und Son.

Insider Tipp

TAUCHEN
Der deutsche Tauchprofi Hanjo Porath (PADI) steuert 25 Tauchspots an. *Playa Bonita* | *Tel. 80 98 89 24 22* | *www.LT-DIVERS.com*

AM ABEND

MAMBO SOCIAL CLUB ▶▶
Insider Tipp

Unter Spitzenkoch Willy feiert das Mambo, jetzt als kulinarische Topadresse mit Dancefloor und karibischem Patio, ein fulminantes Comeback. *Av. 27 de Febrero | So–Do 18 bis 24, Fr/Sa 10–2 Uhr*

ZIEL IN DER UMGEBUNG

SALTO EL LIMÓN [125 D1]

Badezeug mitnehmen! Spätestens nach dem einstündigen Ritt zum Salto ist man reif für eine erfrischende Dusche in den aus 30 m Höhe hinabstürzenden Wassern. Der Reitausflug kostet ab 300 Pesos plus 50 Pesos Nationalparkeintritt; es gibt verschiedene Anbieter mit Pferden an der Straße von Limón.

SANTA BÁRBARA DE SAMANÁ

[125 E1–2] **In Samaná, wie die Einheimischen die Provinzhauptstadt (54 000 Ew.) nur nennen, starten Boote zu Walbeobachtungstouren, in den Nationalpark Los Haïtises am gegenüberliegenden Ufer der Bucht und Fähren nach Sabana de la Mar.**

Jüngst ging in Samaná der spanische Hotelkonzern Piñero vor Anker und eröffnete drei Fünfsterneresorts. Dazu gesellt sich am Anfang des Malecón ein strahlend schönes karibisches Dorf im viktorianischen Stil zum Shoppen und Ausgehen. Gegründet wurde der Ort 1756 als Bollwerk gegen die Piratengefahr. Danach wollte es Napoleon zu seiner Karibikmetropole machen. In haitianischer Zeit (1822–1844) siedelten hier freigelassene Sklaven aus den USA. Ihre angelsächsisch-protestantische Kultur prägt die Stadt bis heute.

SEHENSWERTES

BUCKELWALE ★

Etwa Ende Dezember treffen die bis zu 15 m langen und 30 bis 40 t schweren Meeressäuger aus den nordatlantischen Gewässern in der Samanábucht ein, um sich zu paaren oder ihre Jungen zu gebären und zu säugen, bis sie stark genug für die Rückwanderung im März sind. Zum Schutz der Tiere entwickelte die Naturschutzorganisation CEBSE Richtlinien für die Bootsführer. Informationen in ihrem *Museo de la Ballena (Mo–Sa 8–12 und 14–16 Uhr | Eintritt 50 Pesos | Av. La Marina/Tiro al Blanco).* Ein erfahrener Anbieter ist Kim Bedall von *Victoria Marine (Ecke Malecón/Parque | Tel./Fax 80 95 38 24 94 | www.ecosamana.de/kim).*

CAYO LEVANTADO

Ausflüge zum schönen, weißen Badestrand der Insel in der Samanábucht werden im Hafen angeboten.

PUENTE ESCONDIDA

Mit ihren geschwungenen Pfeilern ist sie der Blickfang in der Hafenbucht von Samaná. 60 m lang, verbindet sie die Inseln Cayo Linares und Cayo La Vigia mit dem Cayacoahügel.

ESSEN & TRINKEN

BAMBÚ

Blick auf Hafen und Brücke, gepflegte Atmosphäre, Spezialität: Meeresfrüchte frisch vom Fischer. *Malecón | Tel. 80 95 38 26 61 | tgl. | €€*

LE FRANCE

Kosten Sie hier die regionale Spezialität *pescado al coco* (Fisch in Kokossauce). *Malecón 6 | Tel. 80 95 38 22 57 | im Sommer Mo geschl.* | €€

LA MATA ROSADA
Beste französische Küche: Jedes Gericht mundet. *Malecón 5 | Tel. 80 95 38 23 88 | Di geschl.* | €–€€

ÜBERNACHTEN

BAHÍA PRINCIPE HOTELS
Direkt beim Ort auf dem Stadthügel thront das *Gran Bahía Príncipe Cayacoa (295 Zi. | Loma Puerto Escondido | Tel./Fax 80 95 38 31 35);* das *Gran Bahía Príncipe Samaná (106 Zi. | Tel. 80 95 38 34 43)* liegt an der Straße nach Las Galeras. Beide Fünf-Sterne-All-inclusive-Häuser bieten Gratistransfers zur Insel Cayo Levantado. Sie sind nur über Veranstalter zu buchen. *www.bahia-principe.com* | €€€

BAHÍA VIEW
Wer keine hohen Ansprüche stellt, findet hier ein akzeptables Quartier mit Blick auf die Bucht. *10 Zi. | Av. Circunvalación 4 (am mittleren Kreisverkehr) | Tel. 80 95 38 21 86* | €–€€

LAS BALLENAS ESCONDIDAS
Sogar einen kleinen Strand bietet diese in einen steilen Hang mit phantastischem Blick auf die Samanábucht gebaute Anlage. Die sieben Bungalows sind kleine, rustikale Wohnparadiese. Pool mit Fernblick, gutes Restaurant. *Los Naranjos | Tel. 80 94 95 08 88 | www.hotelballenas.com* | €€

Achten Sie beim Whalewatching darauf, nur bei einem lizenzierten Anbieter mitzufahren

> HÖHEPUNKTE FÜR NATURGENIESSER

Reißende Flüsse für Raftingliebhaber, Wasserfälle zum Baden und Panoramapisten durch wolkenverhangene Höhen

> Es duftet nach Nadelwald, Flüsse rauschen durch Schluchten, Wasserfälle stürzen über hohe Klippen, und von abenteuerlichen Jeeppisten bieten sich atemraubende Ausblicke in tiefe Täler.

Die Landesmitte zeigt die Dominikanische Republik von einer gänzlich unerwarteten Seite, gebirgig, frisch, natürlich. Ein Paradies für alle, die gerne in der Natur Sport treiben und hoch hinauswollen, denn hier lockt außerdem noch der höchste Gipfel der Karibik, der 3098 m hohe ★ Pico Duarte.

Ausgangspunkte für Trips in die Zentralkordillere sind die Gebirgsorte Constanza und Jarabacoa. Verwaltet werden sie von der Provinzhauptstadt La Vega am Fuß der Zentralkordillere. Ruinen am Stadtrand erinnern dort noch an ihre von Kolumbus gegründete Urzelle. La Vega ist zugleich das Tor zum großen Binnental Valle del Cibao. Die ganze

Bild: Salto de Jimenoa bei Jarabacoa

DIE MITTE

Ebene durchädern Flüsse aus der Zentralkordillere. Ihre fruchtbaren Schwemmsände schufen einen Garten Eden, in dem auch der beste Tabak gedeiht. Wirtschaftlicher Mittelpunkt ist Santiago de los Caballeros, die zweitgrößte Stadt des Landes.

JARABACOA

[122 B1] **Der alte Taínoname Jarabacoa („Land der Wasser") sagt schon alles: Der 530 m hoch gelegene Ort (54 000 Ew.) ist Ziel aller Raftingfans, denn hier starten die Touren auf dem Yaque del Norte, dazu laden Wasserfälle in Ortsnähe zu Badeausflügen ein.** Die „Stadt des ewigen Frühlings" (durchschnittlich 22 Grad) liegt außerdem an der kürzesten Route auf den Pico Duarte *(Pico Express | drei Tage, zwei Nächte | ab Rancho Baiguate)*. Zentrum von Jarabacoa ist der *Parque Central*. Dort gibt es auch eine *Touristinformation*

JARABACOA

Die Wildwasser der Flüsse in der Landesmitte sind wie gemacht fürs Rafting

(Obergeschoss der Plaza Ramírez | Tel. 80 95 74 72 87).

ESSEN & TRINKEN

DEL PARQUE GALERÍA
Pizza und Sandwiches (besonders gut: Thunfisch) mit Blick auf den gepflegten, kleinen Stadtpark. *Calle Duarte/Hermanas Mirabel | Tel. 80 95 74 67 49 | tgl. | €*

EL RANCHO
Gutes Steakhaus im Stil einer urigen Ranch. *Calle Independencia 1 | Tel. 80 95 74 40 24 | tgl. | €€–€€€*

ÜBERNACHTEN

CALIFORNIA
Hotel im Fincastil an der Straße nach Costanza, inzwischen in dominikanischem Besitz. Lässig geführt, große Zimmer und gepflegter Poolgarten. Nur teilweise fertiges neues Obergeschoss. *27 Zi. | Carretera José Durán 29 | Tel. 80 95 74 62 55 | hotel_california@hotmail.com | €*

GRAN JIMENOA
Erweitert und aufpoliert, hat sich das Ökohotel am Río Jimenoa zum schönsten Standort für Ausflüge etabliert. Flussblick von den Zimmern 214 und 215, 314 und 315 im alten Teil. Pool, Sauna, Zimmer mit TV, Terrasse oder Balkon. *28 Zi. | Tel. 80 95 74 63 04 | http://digitalsdesigns.com/jimenoa | €€*

PINAR DORADO
Das beste Haus im Ort, innen geschmackvoll aufgepeppt, gehört zur Baiguate-Gruppe. Zimmer mit Kabel-TV. *43 Zi. | Carretera Jarabacoa–Constanza km 1 | Tel. 80 95 74 49 98 | Fax 80 95 74 28 20 | pinardorado@codetel.net.do | €*

SPORT

QUINTAS DE PRIMAVERA GOLF CLUB
9-Loch-Platz (Par 72) im angenehmen Frühlingsklima von Jarabacoa. *Zufahrt 1 km vor der Stadt links | Tel. 80 92 51 25 07 | Fax 80 95 73 66 63*

RANCHO BAIGUATE ▸▸
Wahnsinn, was hier alles angeboten wird: Riverrafting, Quadrunning (Querfeldeintouren mit vierrädrigen Motorrädern), Mountainbiketrips, Wasserfallklettern (Cascading), Reiten und Trekking auf den Pico Duarte. Auch Hotel *(27 Zi. | €€)* mit Pool und Liegewiese. *Tel. 80 95 74 49 40 | Fax 80 95 74 68 90 | www.ranchobaiguate.com*

AM ABEND

EVOLUXION ▸▸

Angesagte Diskobar mit Dancefloor, Special Events und Getränkediscounts an bestimmten Abenden. *Calle Mario Nelson Galán 5 (über dem China-Restaurant) | www.evoluxionbardance.com | Eintritt 100 Pesos*

ZIELE IN DER UMGEBUNG

CONSTANZA [122 A–B2]

Auch die 40 km südlich und mit knapp 1200 m am höchsten gelegene Stadt (53 000 Ew.) des Landes, Mittelpunkt eines Anbaugebiets für Kaffee, Gemüse, Aprikosen und Erdbeeren, hat der Alpintourismus inzwischen erreicht. Man kann zum 83 m in die Tiefe stürzenden Wasserfall *Aguas Blancas* wandern oder in die nahe *Reserva Científica Valle Nuevo,* eine auf 2200 m gelegene Hochebene mit dem 2842 m hohen Alto Bandera. Die besten Tipps gibts bei *Juan Martín Tactuk (Calle Duarte 15 | Tel. 80 95 39 21 29),* Inhaber der Pizzeria Antojitos und Tourismusbeauftragter. Sehr schön wohnt man im *Mi Cabaña Resort (25 Zi. | Carretera Antonio Duvergé | Tel. 80 95 39 29 30 | www.constanza.net | €–€€).*

SALTO BAIGUATE [122 C1]

Die Wasser stürzen hier über eine 18 m hohe Felskante in die Tiefe. *Zufahrt bei der Rancho Baiguate | Eintritt frei*

SALTO DE JIMENOA [122 B1]

Gegen 12 Uhr kann man in der 25 m hohen Felswand des spektakulären Wasserfalls oft Kletterer beobachten. Kleine Sandbank zum Sonnen vor dem Pool. *Gleiche Abfahrt wie zum Golfplatz, nur ca. 8 km weiter | tgl. 8 bis 18 Uhr | Eintritt 30 Pesos*

SANTO CERRO/ LA VEGA VIEJA [118 B–C5]

Beide Sehenswürdigkeiten liegen nur knapp 1 km voneinander entfernt 30 km nördlich an der Straße nach Moca. Der „Heilige Berg" und seine 1842 erneuerte Kirche auf dem Gipfel erinnern an den Angriff vereinigter Taínoheere gegen ein Häufchen Spanier im Jahr 1495. Die magiegläubigen Indianer schlug damals das auf wunderliche Weise allen ihren Feuerpfeilen widerstehende Holzkreuz der Spanier in die Flucht. Es soll auch noch vom Bild der Jungfrau Maria erhellt gewesen sein. Kolumbus gründete daraufhin am Fuß des Berges die Stadt La Concepción de La Vega. 1562 zerstörte ein Erdbeben die Stadt, und sie wurde an ihre heutige Stelle verlegt. Das Ruinenfeld der Ursprungsstadt heißt seitdem ★ *La Vega Vieja.* Zu sehen sind dort noch die Reste des Forts La Concepción und des ersten Franziskanerklosters Amerikas. *Carretera La Vega–Moca | tgl. 8–17 Uhr | Eintritt 20 Pesos*

MARCO POLO HIGHLIGHTS

★ Pico Duarte
Der höchste Berg der Karibik (Seite 70)

★ La Vega Vieja
Über 500 Jahre alte Ruinen (Seite 73)

★ Centro León
Ein supermodern konzipiertes Multimediamuseum (nicht nur) zu Archäologie und Kunst in Santiago de los Caballeros(Seite 74)

SANTIAGO

[118 B4] **Die Stadt am Río Yaque del Norte, mit rund 700 000 Ew. die zweitgrößte im Land, ist Wirtschaftsmetropole und altes Zentrum des Tabak- und Zuckerhandels.** Aufs Schönste vereint sie karibisches Flair mit Großstadtatmosphäre. Ihre Blütezeit erlebte sie mit ihrem Verschiffungshafen Puerto Plata nach der Unabhängigkeit. An die Helden von damals erinnert das Wahrzeichen der Stadt, ein 67 m hohes Monument.

SEHENSWERTES

CENTRO LEÓN ★

Faszinierendes Multimedia-Kultur-und-Kunst-Zentrum. Genial z. B. die Präsentation des Ökosystems Mangrovensumpf: Man spaziert unter gespannten Nylonfäden, die perfekt die Wasseroberfläche simulieren, durch einen Wald von Wurzeln. Schon der witzige „Riesenbernstein" mit Moped als fossilem Einschluss am Eingang ist den Besuch wert. *Di–So 9 bis 21 Uhr | Eintritt 50 Pesos, Di frei | www.centroleon.org.do | Av. 27 de Febrero 146 | Villa Progreso*

MUSEO DE ARTE FOLCLÓRICO TOMÁS MOREL

Einzigartige Sammlung von Karnevalsmasken. *Mo–Sa 9–13 und 15 bis 18 Uhr | Eintritt frei, Spende erbeten | Av. Restauración 174*

> LOW BUDGET

- > Preiswerter auf den Pico Duarte kommt, wer sich mit anderen zusammenschließt. Denn die Preise für die Tour (z. B. bei *Rancho Baiguate* in Jarabacoa) staffeln sich nach Teilnehmerzahl.
- > Bis zu 50 Prozent Discount auf Getränke gibts meist freitags in der Diskobar *Evoluxion* in Jarabacoa.
- > Inhaber eines internationalen Studentenausweises erhalten 15 Prozent Rabatt auf Getränke im ▶▶ *Francifol Café* in Santiago.

ESSEN & TRINKEN

COSA NOSTRA

Exzellentes italienisches Restaurant nördlich der Calle 27 de Febrero; große Auswahl an Speisen. *Calle Sabana Larga, Ecke Calle Principal de Oquet | Tel. 80 95 82 00 78 | So geschl.* | €€–€€€

KUKARA MACARA

Saftige Steaks in zünftigem Blockhausambiente, abends mit Blick auf das angestrahlte Monument. *Av. Francia A 7 | Tel. 80 92 41 31 43 | tgl. | www.kukaramacara.com* | €€

EINKAUFEN

TABACOS DON ESTEBAN

In der kleinen, feinen Zigarrenfabrik kann man sich vom deutschen Manager Oskar Nausch in die Geheimnisse der Produktion einweihen lassen. *Colorado (zwischen Flughafen und Stadt) | Anmeldung Tel. 80 95 70 71 11 | www.donesteban.com*

ÜBERNACHTEN

CAMP DAVID RANCH

Hotel auf dem Familienbesitz der Rumdynastie Bermúdez mit tollem Blick über die Stadt Santiago und einer Autosammlung. *40 Zi. | Carretera Luperón km 7 | Tel. 80 92 76 64 00 | Fax 80 92 76 64 04* | €€

GRAN ALMIRANTE & CASINO
Höchst komfortables Stadthotel, große Poolterrasse, Zimmer mit Internetzugang. *156 Zi. | Av. Estrella Sadhalá | Tel. 80 95 80 19 92 | Fax 80 92 41 29 45 | www.hodelpa.com | €€–€€€*

MATUM HOTEL & CASINO
Gutes Hotel vis-à-vis dem Monument für die Wiederherstellung der Republik. *42 Zi. | Av. Las Carreras 1 | Tel. 80 95 81 31 07 | Fax 80 95 81 84 15 | hotel.matum@codetel.net.do | €€–€€€*

AM ABEND

FRANCIFOL CAFÉ
Der Klassiker zum Abhängen im Herzen der Altstadt, einen Hauch sophisticated. Verschiedene Events, z. B. Weinproben, mexikanische Abende oder Gastspiele internationaler DJs. *Calle del Sol 127 | Mi–So ab 19 Uhr*

ZIEL IN DER UMGEBUNG

SAN FRANCISCO DE MACORÍS [119 D5]
Kakao und Kaffee von den Hängen der Cordillera Septentrional bescherten der 56 km südöstlich gelegenen Stadt (180 000 Ew.) Wohlstand. Sie ist Ausgangspunkt für den Weg zu den Wolken, Insider Tipp das Reservat des 943 m hohen Hausbergs *Loma Quita Espuela;* seinen Gipfel bedeckt noch ursprünglicher Bergnebelwald. Den 2,7 km langen Weg führen Bauern der Region. Die Tour dauert etwa fünf Stunden. Auskunft: *Fundación Loma Quita de Espuela | Av. Libertad 44 | Tel. 80 95 88 41 56 | www.flqe.org.do*

Im Landesinneren: Reisfelder im überaus fruchtbaren Cibaotal bei Santiago

> DIE FRÖHLICHE FERIENMEILE

In Puerto Plata begann das touristische Zeitalter des Landes; längst hat sich der Fremdenverkehr auf die ganze Küste ausgedehnt

> Über der langen, sich sanft nach Osten neigenden Nordküste weht stets ein leichter Wind. Er lockt Surfer an, kühlt die Haut der Sonnenbadenden und bewegt rauschend die Blätter des langstieligen Zuckerrohrs auf den weiten Feldern, die sich im Rücken der Feriensiedlungen ausbreiten. Vor gut 500 Jahren ankerte Kolumbus an der Nordküste an einem roten Kap, das er von seiner ersten Reise kannte, und errichtete dort die erste spanische Stadt Amerikas: La Isabela. Ihre Reste sind heute die große historische Attraktion im Norden, obwohl nicht viel mehr als Grundmauern erhalten blieben. Am schnellsten sind sie von Luperón aus erreicht, einem familiären ehemaligen Fischerdorf, das einen schönen Strand und beliebten Yachthafen besitzt.

An der Nordküste fing alles an – die Landung der Spanier in Amerika wie der moderne Tourismus. Auf dem Flughafen von Puerto Plata, der

Bild: Strand in Sosúa

DER NORDEN

größten, ältesten und sehenswertesten Stadt an der Nordküste, setzten in den Siebzigerjahren die Sonnenhungrigen mit den ersten Urlauberjets aus Europa auf. In der Folge eroberten sie die schönsten Strände in Ost und West: erst das von deutschen Auswanderern gegründete Sosúa und mit dem Aufkommen des Surfsports dann das noch weiter östlich liegende Fischerdorf Cabarete, heute der Topspot für Kite- und Windsurfer.

Mit dem Aufkommen der All-inclusive-Hotels nisteten sich die RIU-Hotels an der wilden Bahía de Maimón ein und im Osten andere in der Nähe von Río San Juan. Dieser immer noch urdominikanische kleine Ort liegt an der Laguna Gri-Gri – eigentlich keine Lagune, sondern ein hier aus dem Kalkgebirge hervortretender unterirdischer Fluss, der durch Mangrovendschungel zum Meer strebt.

In Cabarete tragen heute die Kiteboarder ihren Weltcup aus

CABARETE

[118 C2] Der Wind beflügelte in Cabarete (etwa 8000 Ew.) eine sagenhafte Karriere vom kleinen Fischernest zum internationalen ★ ▶▶ Highlight für Wind- und Kitesurfer. Er bläst stetig von Nordost und frischt am Nachmittag auf – ideal für die Anhänger dieser Sportarten. Die Windsurfer kamen Ende der Achtzigerjahre. Seitdem boomt Cabarete. Im Schlepptau der Windsurfer zog es ein natur- und sportbegeistertes Urlaubervölkchen an die 10 km lange, künstlich verbreiterte Strandbucht.

SEHENSWERTES

NATIONALPARK EL CHOCO

Vier Tropfsteinhöhlen mit Taínofunden. Die Hauptattraktion ist ein Badesee 20 m unter dem Meeresspiegel. *Tgl. 9–15 Uhr | Eintritt (mit Führung) 15 US$ | rund 1 km vom Ortskern (ausgeschildert)*

ESSEN & TRINKEN

CAFÉ PITÚ ▶▶

Lässig abhängen, mit Surfern und den Inhabern Gabi und Thomas (auch Betreiber vom Fanatic-Windsurf-Center) plaudern, gut essen, E-Mails abrufen (zum WLAN gibt es auch genug Steckdosen für Laptops), Cocktails trinken und „Latin Nights" feiern. *Calle Principal | Tel. 80 95 71 08 61 | tgl. | €*

FRIENDS SANDWICH BISTRO ▶▶

Schwungvoll betriebener (Frühstücks-)Imbiss; ob Eier mit Schinken oder halbe Hähnchen – bei den zivilen Preisen findet alles reißenden Absatz. *Calle Principal | abends geschl. | €*

Insider Tipp

OTRA COSA ▶▶

Französische und karibische Küche vom Feinsten, und das direkt am Strand unterm Palmendach. Reservierung daher empfohlen! *Calle La Punta | Tel. 80 95 71 06 07 | Di geschl.* | €€€

ÜBERNACHTEN

In Cabaretes westlichem Außenbezirk Richtung Sosúa entstanden All-inclusive-Hotels, die alle bei Reiseveranstaltern preiswerter als vor Ort gebucht werden können. Darunter *Superclubs (www.superclubs.com)* mit einem Breezes-Resort, *Barceló (www.barcelo.com)* mit dem Punta Goleta Beach Resort und das *Vivaresorts* Viva Wyndham Tangerine Beach Resort *(www.vivaresorts.com)*.

Insider Tipp

SECRET GARDEN

Mit viel Stil hat das deutsch-ungarische Ehepaar Bettina und János Salánki aus seiner Villa in der Anlage Perla Marina eine Oase für Anspruchsvolle gezaubert. Sehr schöne, große Zimmer, Pool im Garten. *5 Studios | Carretera a Sosúa | Tel./Fax 80 95 71 20 35 | www.the-secretgarden.com* | €

VELERO BEACH RESORT

Eine Klasse für sich, direkt am Strand gelegen. *22 Suiten | Calle la Punta 1 | Tel. 80 95 71 97 27 | Fax 80 95 71 97 22 | www.velerobeach.com* | €€€

VILLA TAINA

Das sympathischste unter den Mittelklassehotels – am Ortseingang direkt am Strand gelegen. Moderne, großzügige Zimmer, guter Service. *57 Zi. | Calle Principal | Tel. 80 95 71 07 22 | Fax 80 95 71 08 83 | www.villataina.com* | €€

FREIZEIT & SPORT

DIVE CENTER CABARETE

PADI-Tauchbasis für mehrtägige Ausflüge; auch Kurse und Nachttauchen. *Calle Principal | Tel./Fax 80 95 71 08 42*

FANATIC WINDSURF CENTER

Die beiden Deutschen Gabi und Thomas helfen hier aufs Brett. *Calle Principal 77 | Tel./Fax 80 95 71 08 61 | www.fanatic-cabarete.com*

GIPSY RANCH

Reitausflüge und Unterricht für Pferdenarren. *Carretera a Sosúa | Tel.*

MARCO POLO HIGHLIGHTS

★ Pico Isabel de Torres
Panoramablick vom Hausberg Puerto Platas (Seite 83)

★ Highlight für Wind- und Kitesurfer
Beste Bedingungen für diese Sportarten bietet Cabarete (Seite 78)

★ Fortaleza San Felipe
Trutziges Monument aus der Piratenzeit in Puerto Plata (Seite 83)

★ Ruinas de La Isabela
Wo Kolumbus die erste Siedlung in Amerika baute (Seite 80)

80 99 07 97 42 | gipsyranch@hotmail.com

IGUANA MAMA ▶▶
Erste Adresse für Sportliche. Angeboten werden Wasserfallklettern, Mountainbiketrips, Trekking. *Calle Principal 74 | Tel. 80 95 71 09 08 | www.iguanamama.com*

KITEXCITE ▶▶
Die Schule von Stefan Rüther liegt am „Kite Beach" bei den Kitesurferhotels *Extreme (www.extremehotels.com)* und *Kite Beach (www.kitebeachhotel.com). Tel. 80 95 71 95 09 | www.kitexcite.com*

AM ABEND

Insider Tipp

CASINO & OCEAN CLUB DISCO
Hinter der pompösen Glitzerfassade kann man unten sein Geld loswerden und oben in einer coolen Disko dann seinen Frust abtanzen. *Do–So 22 bis 2 Uhr | Carretera Principal, Ocean Sands Casino (1. Stock)*

> LOW BUDGET

- Happy Hour mit 50 Prozent Nachlass auf alle Pasta- und Pizzagerichte und Biere: *tgl. 17–19 und 22–24 Uhr* im *Cosanova an der Calle Principal von Cabarete.*
- Kostenlos ins Internet dürfen Gäste an den Computern im Restaurant *Polanco* in *Puerto Platas* Altstadt.
- Knusprige halbe Hähnchen gibts beim Theo in der Bar *Tam Tam (Calle Ayuntamiento 21)* von *Sosúa* immer Di, Do und So zum Sonderpreis – und Internet ist sowieso umsonst.

ONNO'S BAR ▶▶
Der Klassiker – wiederentdeckt von den Szenegängern und besser denn je: jetzt mit Happy Hour von 16 bis 20 Uhr und am Wochenende mit „Killer Hour" (24–1 Uhr). *So–Do 10 bis 24 Uhr, Fr/Sa 10–2 Uhr | Calle Principal*

LUPERÓN

[117 F1] **Der kleine Ferien- und Fischerort liegt rund 50 km westlich von Puerto Plata an einer traumhaft wilden Küste mit vorgelagerten Riffen und Inseln, tiefen Buchten und schönen Stränden.** Der schönste, die Playa Grande, breitet sich gleich am Ortsrand von Luperón (18 000 Ew.) aus, zugänglich für die Gäste der kleinen Hotels im Ort wie für die der anliegenden All-inclusive-Hotels. Unweit ankerte Kolumbus einst mit einer großen Flotte aus Spanien, um dort die erste Kolonialstadt in Amerika zu bauen: La Isabela. Ihre Reste sind Luperóns größter Schatz.

SEHENSWERTES

RUINAS DE LA ISABELA ★
Ein stiller Ort, der die Phantasie beflügelt – auch wenn nur die Grundmauern von der kleinen ersten Siedlung auf amerikanischem Boden blieben. Nur Wildnis und „Wilde" umgaben die Eroberungshungrigen, als sie hier am 6. Januar 1494 das erste Mal in die erste Kirche Amerikas gingen. Da sind das (rekonstruierte) Haus von Kolumbus und dann die vielen Gräber – Seuchen und Hunger grassierten. Ob die Spanier damals ahnten, wie sehr sie bald die Welt verändern würden? Im Museum sind u. a. alle Städte, die von hier aus gegrün-

Insider Tipp

det wurden, auf einer Tafel zu sehen. *Tgl. 8–18 Uhr | Eintritt 50 Pesos*

ESSEN & TRINKEN

CAPTAIN STEVE'S PLACE

Ein kerniger Gastgeber in einem zünftigen Lokal mit Blick auf die Hafenbucht und guter Küche. *Calle Duarte 47 | Tel. 80 94 52 36 12 | tgl.* | €–€€

La Isabela: Ruinen von Kolumbus' erster Stadtgründung in Amerika

LA YOLA BAR RESTAURANTE

Beliebter Urlaubertreff, der einer deutschen Stewardess gehört. Gute Fischgerichte. *Calle 27 de Febrero | Tel. 80 95 71 85 11 | tgl.* | €€

ÜBERNACHTEN

LA CASA DEL SOL

Die ideale Pension für einen unkomplizierten Individualurlaub: gepflegte Zimmer, gute Küche und nette Betreuung durch ein deutsch-dominikanisches Paar. *5 Zi. | Calle 27 de Febrero | Tel./Fax 80 95 71 84 03 | www.casadelsol.de.ms* | €

PEQUEÑO MUNDO

Deutsch-dominikanisch geführtes Gästehaus mit Pool und luftiger Restaurantterrasse, von der der Blick weit über die Playa Grande schweift. *5 Zi. | Carretera Luperón–El Castillo | Tel. 80 92 64 35 11 | Fax 80 95 71 80 52* | €

FREIZEIT & SPORT

SEGELN

Wer nur Segleratmo im Yachthafen *(www.luperonmarina.com)* schnuppern will, sitzt schön mit Blick auf die vertäuten Boote im ▶▶ *Puerto Blanco Marina Bar Restaurante.* Wer die Küste erkunden will, wende sich an *Cat's Sailing Adventure (Plaza Turisol 20, Tel. 80 92 61 20 46).*

ZIELE IN DER UMGEBUNG

MONTECRISTI [116 C1]

Im Zentrum der 140 km westlich gelegenen Stadt (26 000 Ew.) zeugen noch vereinzelt alte viktorianische Häuser vom Wohlstand der Zeiten, als die Stadt Sitz der Grenada Fruit Company war und im Umland große Bananenplantagen betrieb. Der markante Tafelberg im Rücken der Stadt heißt El Morro; er trennt die urwüchsigen Mündungsgebiete des Río Massacre, Río Chacuey und Río Yaque del Norte im Südwesten an der

Bucht von Manzanillo von der Bahía de Icaquito im Nordosten. Beide Gebiete bilden mit den vorgelagerten Cayos Siete Hermanos den Nationalpark Montecristi.

Bootsausflüge zur *Isla Tuna* (schöner Strand) oder zur *Cayo Montechico* (gutes Schnorchelrevier) bietet die Agentur *Servimar (Playa Juan de Bolaños | Tel. 80 94 64 77 65).* Angenehm wohnt man beim Franzosen Herve im *Hotel Jardines (4 Zi. | Playa Juan de Bolaños Süd | Tel. 80 98 53 00 40 | €).* Er betreibt auch ein gutes, kleines *Bistro (Calle San Fernando 26 | tgl. | www.elbistrot.com | €–€€)* und unternimmt für Interessierte Insider Tipp Ausflüge ins nahe Haiti.

Insider Tipp **PUNTA RUCIA** [117 E1]

Dem noch idyllischen Fischerdorf wird eine große Zukunft prophezeit: In der Nachbarschaft liegt der *Nationalpark Estero Hondo* mit Beobachtungsposten für Seekühe und Lehrpfad, und vorgelagert ist die paradiesische kleine Insel *Cayo Arena,* besser bekannt als *Cayo Paraíso.* Buchungsmöglichkeiten in fast allen Hotels der Nordküste oder bei *Cayo Paraíso Tours (www.cayoparaiso.com)* in Puerto Plata.

PUERTO PLATA

[118 B2] **Erstbesucher erleben die größte Stadt (146 000 Ew.) an der Nordküste zunächst meist als laut und chaotisch.** Ein Spaziergang über die historische Calle Beller mit ihren schön verzierten karibischen Häuschen, ein Besuch des Parque Central oder eine Fahrt auf dem meerumbrandeten Malecón bis zur alten Piratenwehrburg, dem Fort

Küste bei Montecristi: Im Nordwesten ist der Tourismus noch im Entstehen

San Felipe, stimmt dann versöhnlicher. Ein weiter Blick über die ganze Nordküste bietet sich vom Gipfel des Hausbergs Pico Isabel de Torres.

Ihre Blütezeit erlebte die 1495 gegründete Stadt, als die spanische Zollreglementierung wegfiel und Präsident Gregorio Luperón (1838 bis 1898) von Puerto Plata aus regierte. Aus dieser Zeit stammen u. a. der zierliche Glorieta-Pavillon im Parque Central und der alte Bahnhof der Strecke Santiago–Puerto Plata beim Hafen. Strandurlaub findet im Playa-Dorada- und im Costa-Dorada-Komplex im Osten sowie an den Playas von Cofresí im Westen statt. 2006 wurde außerdem am Malecón ein wunderbarer breiter, weißer Strand aufgeschüttet. Insgesamt nennt man die Küste um Puerto Plata gern Bernsteinküste (Costámbar), aber der Name ist irreführend: Die Fundstätten des Bernsteins liegen im Gebirge.

SEHENSWERTES

FORTALEZA SAN FELIPE

Das 1502 begonnene Fort diente hauptsächlich als Gefängnis. Im Innern ist ein kleines Militärmuseum untergebracht. Neben dem Fort wurde ein Gedenkstein für die Opfer des 1996 vor Puerto Plata abgestürzten Birgenair-Flugzeugs gesetzt. *Tgl. 9 bis 18 Uhr | Eintritt 20 Pesos | Westende des Malecón*

MUSEO DEL ÁMBAR

Seit Jahrmillionen in fossiles Baumharz eingeschlossene Termiten, Ameisen, Blätter, Blumen oder Wurzeln, sogar Vogelfedern und Gliedmaßen eines Leguans können Sie in diesem Bernsteinmuseum bewundern. Das Museum ist in der prachtvollen ehemaligen Villa Bentz untergebracht. *Mo–Fr 9–18, Sa 9–17 Uhr | Eintritt 50 Pesos | Calle Emilio Prudhomme/Calle Duarte | www.ambermuseum.com*

PICO ISABEL DE TORRES

Den 793 m hohen Hausberg von Puerto Plata erschließt eine Gondelbahn *(teleférico | tgl. 8.30–17 Uhr | 200 Pesos | Av. Circunvalación).* Oben wurde nach dem Vorbild von Rio de Janeiro eine Christusfigur errichtet. Im Gipfelnaturpark kann man auf langen Wanderwegen seltene Pflanzen bewundern.

ESSEN & TRINKEN

ESPAPE AL MAR

Topadresse für ein feines Dinner direkt am neuen, breiten Strand des Malecón, geführt vom Schweizer Küchenchef Peter West. Im Preis von 3000 Pesos für das *especial del chefe* für zwei Personen ist eine Flasche Wein enthalten. Reservierung empfohlen! *Av. Malecón (gegenüber vom Puerto Plata Beach Resort) | Tel. 80 93 52 65 08 | tgl. |* €€–€€€

PAPILLON

Mit hervorragenden Steaks und Langusten lockt Thomas Ackermann in sein uriges, palmengedecktes Lokal versteckt abseits der Straße von Cofresí. *Cofresí (Wegweiser an der Hauptstraße) | Tel. 80 99 70 76 40 | mittags und Mo geschl. | www.le-papillon.de |* €€

POLANCO

Kreolisch speisen in einer sehr schön restaurierten, über 100-jährigen Kaufmannsvilla mit hohen Türen zu herrlich luftigen Veranden. *Calle Beller 60 | Tel. 80 95 86 91 74 | tgl. | €–€€*

TAM TAM CAFÉ

Beliebter (Residenten-)Treffpunkt an der citynahen Bummelmeile des Malecón. Gute internationale Küche und große Auswahl an Cocktails. *Malecón 6 | Tel. 80 99 70 09 03 | tgl. | €–€€*

EINKAUFEN

Zigarren kauft man gut und günstig im *Cigar Discount* an der *Plaza Turisol* oder im Laden der Fabrik *Cuevas y Hermanos Fabricantes (Calle San Felipe 29).* Wer vor dem Rumkauf eine Abfüllanlage besichtigen will, sollte die *Fábrica Brugal (Mo–Fr 8 bis 14 Uhr | Eintritt frei | www.brugal.com.do | Av. Luis Ginebra | schräg gegenüber Plaza Turisol)* besuchen. Die größte Auswahl an Boutiquen, Schmuck- und Souvenirläden bietet die *Plaza Dorada* im Playa-Dorada-Komplex.

ÜBERNACHTEN

FERIENRESORTS

Die folgenden Ferienresorts in der Umgebung von Puerto Plata bucht man am günstigsten über einen Reiseveranstalter: Mit 14 Ferienresorts, darunter allein vier *Occidental-Hotels (www.occidental-hoteles.com),* die sich um den Playa-Dorada-Golfplatz von Robert Trent Jones gruppieren, sind im Playa-Dorada-Komplex die meisten All-inclusive-Hotels angesiedelt. Eine Perle für betuchte Individualisten: das *Casa Colonial Boutique Hotel (www.epoque hotels.com).* Seit 2006 schmückt die Costa Dorada das 5-Sterne-*Iberostar Costa Dorada (www.iberostar.com).* An der Playa Cofresí im Westen verteilen sich die *Lifestyle-Hacienda-Resorts (www.hacienda-resorts.com)*

Das Schmuckstück von Puerto Plata: der Glorieta-Pavillon aus dem 19. Jh. im Parque Central

und an der folgenden Bahía de Maimón die *RIU-Hotels (www.riu.com)*.

PUERTO PLATA BEACH RESORT

Das in ein Apartmenthotel umgewandelte Exresort bietet 40 schöne, günstige Apartments gleich gegenüber vom neuen Strand. *Av. Malecón | Tel. 80 95 86 42 43 | Fax 80 95 86 52 02 | €*

SUNSHINE

Ideal für Kurzbesucher: Parkplatz, Restaurant und 19 gepflegte Zimmer zu zivilen Preisen. *Av. Manolo Tavárez Justo 78 (Umgehungsstraße) | Tel. 80 95 86 17 71 | sunshinehotel@hotmail.com | €*

FREIZEIT & SPORT

HOCHSEEFISCHEN

Eine perfekt ausgerüstete Flotte für Ausfahrten bei *Caribbean Marine (Playa Dorada Plaza | Tel. 80 93 20 22 49 | Fax 80 99 70 74 49 | Ausfahrt mit Führer 7.30–13.30 Uhr | 55 US$)*.

OCEAN WORLD ADVENTURE PARK

Alle Angaben zu diesem Freizeitpark finden Sie im Kapitel „Mit Kindern reisen".

AM ABEND

Jüngster Magnet am Abend ist das *Ocean World Casino* in Cofresí. Außerdem haben sich Diskos wie die angesagte *Mangú Bar* im Playa-Dorada-Komplex zu Nightlifehits der Nordküste entwickelt, weil dort die Sperrstunde nicht gilt. In *Hemingway's Bar & Grill (Plaza Dorada)* könnte man z. B. von 8 Uhr morgens bis 4 Uhr früh abhängen.

Insider Tipp

CARIBBEAN BAR CAFECITO

Bar, Grill, Imbiss, griechisch-französisches Restaurant mit großer Weinauswahl, lässiger Treff mit karibischem Flair und kleinem Garten. *Av. Circunvalación | Tel. 80 95 86 79 23 | www.cafecito.info | tgl. | €–€€*

SOSÚA

[118 C2] **Gassen zum Bummeln, Hotels und Restaurants auf Felsklippen oder mit Blick auf die schöne Strandbucht: Sosúa bietet Abwechslung und dazu Clubatmosphäre.** Mit Boca Chica im Süden teilt es sich den Ruf einer Hochburg für Drogen und Prostitution.

Gegründet wurde Sosúa (12 000 Ew.) erst in den Vierzigerjahren von naziverfolgten Juden aus Deutschland und Österreich. Sie kamen auf Initiative des Diktators Trujillo, der sich mit dieser Geste nach einem

Massaker an Haitianern internationales Wohlwollen erkaufen wollte. Nach dem Krieg verließen viele das Land; geblieben sind die Synagoge und das *Museo de la Comunidad de Sosúa (Mo–Fr 9–13 und 14–16 Uhr | Eintritt 75 Pesos).*

ESSEN & TRINKEN

BAVARIA

Heißhunger auf Heimisches? In der neuen Metzgerei gibts wechselnde bayrische Spezialitäten als Tagesmenü. *Parada El Choco | Tel. 80 95 71 27 98 | Mo–Fr 9–18, Sa 9 bis 13 Uhr* | €

Insider Tipp

MORUA MAI

Sehen und gesehen werden und dabei gut essen: Vor der Restaurantterrasse zieht halb Sosúa vorbei, zentraler gehts nicht. *Calle Pedro de Clisante 5 | Tel. 80 95 71 29 66 | tgl.* | €€

PANADERÍA ALEMANA MOSER

Die deutsche Bäckerei ist eine Institution und immer gut für einen Kaffee mit Mohnstriezel oder Torte. *Reparto Villa Ana María | Mo–Sa 7–19.30 Uhr*

LA PUNTILLA DE PIERGIORGIO

Die schönste Inszenierung eines Restaurants: mit barocken Logen am Klippenrand und Blick auf den Sonnenuntergang – natürlich italienisch, wie auch Piergiorgios karibischer Hotelpalazzo im Rücken *(56 Zi. | €€€). Calle la Puntilla | Tel. 80 95 71 26 26 | www.piergiorgiohotel.com* | €€–€€€

> BLOGS & PODCASTS

Gute Tagebücher und Files im Internet

- > *www.domrep.flunk.de* – Ob Flugverbindungen, Bierpreise oder Hotelberichte – hier gehts nur um die Dominikanische Republik.
- > *www.mein-hoteltipp.de* – Jede Menge Berichte, Reisetipps und Fotos zu All-inclusive-Resorts, schön übersichtlich; auch Preise und Last-Minute-Angebote.
- > *www.hotels-bewertungen.de* – Übersichtliche Bewertungslisten und Kommentare zu den meisten dominikanischen Resorts; dazu Preise und Last-Minute-Angebote.
- > *www.debbiesdominicantravel.com* – Eine der meistgenutzten Websites (englisch) nur zur Dominikanischen Republik mit täglich neuen Hotelberichten.
- > *http://blogworkorange.blogspot.com* – Wer Spanisch versteht und sich in die dominikanische Seele einlesen will: Alltagserlebnisse, Liebesprobleme und beredte Resonanzen.
- > *http://podworkorange.com* – Der Podcastableger von Blogworkorange auf Spanisch: Erzähltes, Gefilmtes und Musik mit Datum und genauen Downloadzeiten.
- > *www.neon89.com* – Bachata, Salsa oder Merengue vom dominikanischen Musiksender zum Onlinehören oder Downloaden.
- > *http://latam.real.com/guideplayer/radiotv/camerica* – Hier finden sich die neuesten lateinamerikanischen Webadressen für Videos und Musik.

ÜBERNACHTEN

PENSION ANNELIESE

Schöner kann man nicht günstig privat wohnen: Von der Frühstücksterrasse schweift der Blick aufs Meer, nachts herrscht kein Lärm, und doch ist es ganz nah zum Zentrum. *10 Zi. | Calle Dr. Rosen 62 | Tel./Fax 80 95 71 22 08 | www.weblatino.de/pension | €*

SOSÚA-BY-THE-SEA

Das nach wie vor beliebte All-inclusive-Mittelklasseferienhotel liegt im Osten des Orts, wo sich mehrere hoch gebaute Anlagen dieser Gattung drängen. *91 Zi. | Calle B. Phillips | Tel. 80 95 71 32 22 | Fax 80 95 71 30 20 | www.sosuabythesea.com | €€*

VICTORIAN HOUSE

Strahlend weiß in viktorianischem Stil erbaut, gruppieren sich die Zimmerflügel des luxuriösen Hauses um seine Urzelle, das frühere Marco-Polo-Restaurant. *47 Zi. und Suiten, 3 Penthäuser | Calle Dr. Alejo Martínez 1 | El Batey | Tel. 80 95 71 40 00 | Fax 80 95 71 45 45 | www.starzresorts.com | €€€*

Sosúa: einst Bohemetreff, dann Hippieort, heute quirlige Ferienstadt

AM ABEND

Kneipen und Diskos verwandeln die ▶▶ Calle Pedro de Clisante abends in einen Laufsteg aufgebrezelter Mädels und cooler Jungs. Als Höhle aufgemacht ist das *Taínobeach (Calle David Stern /Calle Gral Imbert | tgl. 9–24 Uhr)*, tagsüber Restaurantbar, abends Disko (manchmal mit Livemusik).

Insider Tipp

> KÜHLE WÄLDER UND WILDE KROKODILE

Auf diesen drei Touren lernen Sie drei ganz unterschiedliche Gesichter der Dominikanischen Republik kennen

Die Touren sind auf dem hinteren Umschlag und im Reiseatlas grün markiert

1 TAGESTOUR ZU DEN HÖHEPUNKTEN DES HINTERLANDS

Kehren Sie der Küste bei Cabarete den Rücken für eine landschaftlich wunderschöne und abwechslungsreiche Fahrt über das Küstengebirge nach La Vega Vieja im Cibaotal und nach Jarabacoa in der Zentralkordillere. Die rund 90 km lange Strecke ist gut ausgebaut, nur zwischen Moca und La Vega gibt es zurzeit Baustellen.

Sie verlassen **Cabarete** *(S. 78)* Richtung Río San Juan und biegen in Sabaneta de Yásica rechts ab in die Carretera 21 Richtung Jamao al Norte und Moca. Schon umgeben Sie die hügeligen Ausläufer der Cordillera Septentrional. Vor Los Brazos passieren Sie die Zufahrt zum **Blue Moon Hotel** *(Tel. 80 92 23 06 14 | www.bluemoonretreat.net | €)*, wo Sie nach Anmeldung indische Küche bekommen, überqueren den Río Yasica und

Bild: Brücke in der Cordillera Central bei Jarabacoa

AUSFLÜGE & TOUREN

kommen bald nach **La Cumbre,** wo Sie von den Balkonen des **Caffetto** oder des benachbarten **Rancho La Cumbre** schon einen Blick auf die Landschaft werfen können, die Sie auf dieser Route noch durchqueren werden: das weite Cibaotal mit den Städten Moca (deutlich am hohen Kirchturm erkennbar), rechts die Stadt Santiago, und am Horizont steigen die Berge der Zentralkordillere auf.

Danach geht es bergab ins Cibaotal, vorbei an ländlichen Häusern in blühenden Gärten bis **Moca** (sehenswerte Kirche **Sagrado Corazón de Jesús,** Sitz des Salesianerordens, mit gläsernen Leuchtern aus Murano). Insider Tipp

Weiter geht es auf der Straße nach La Vega, auf der man wegen Baustellen nur langsam vorankommt. So können Sie **Pueblo Viejo** und die Zufahrt zur Ruinenstätte von **La Vega Vieja** *(S. 73)* nicht verpassen (rechts, hinter weißem Haus mit Kreuz). Die Zufahrt (1 km) zur Wallfahrtskirche auf dem „heiligen Hügel" **Santo Cerro** *(S. 73)*, auf dem 1495 durch ein Wunder die Taínoheere in die Flucht geschlagen wurden, folgt unmittelbar danach.

Zurück auf der Landstraße Richtung La Vega, kommt bald eine Autobahnbrücke (Autopista Duarte). Fahren Sie unter ihr durch und sofort links (kein Schild, nur Schotterstraße) hinauf, um sich Richtung Süden einzufädeln. Die Abfahrt nach **Jarabacoa** *(S. 71)* ist dann besser ausgeschildert. Nach etwa 20-minütiger Fahrt hinauf in den tiefgrünen Nadelwald haben Sie den Ort des ewigen Frühlings erreicht.

2 ZU KROKODILEN UND TAÍNOSPUREN AM ENRIQUILLOSEE

Eine wilde Gegend erwartet Sie auf dieser „Ruta Enriquillo": mit Krokodilen in einem tiefer als das Meer gelegenen See, mit steil aufragenden Gebirgen zu beiden Seiten und immer wieder mit schönen Panoramablicken. Die Zweitagestour beginnt und endet in Barahona (insgesamt rund 230 km).

In **Barahona** *(S. 32)* weist schon ein Schild von der Av. Enriquillo auf die „Ruta Enriquillo". Nehmen Sie die Ausfahrt nach Cabral (im Kreisverkehr beim Stadttor halb links). Sie passieren dann bald **Cachón**, das Dorf der (Schaukel-)Stühlebauer. Insider Tipp Im folgenden Cabral biegen Sie bei den Fruchtständen rechts zu einem Abstecher zur artenreichen **Süßwasserlagune Rincón** ab *(Bootsfahrten 1000 Pesos für bis zu 7 Pers. | tgl. 6–18 Uhr)*.

Wieder auf der Hauptstraße, wird das Land nach Cabral flach und trocken. Beim Standbild des stolzen Taínokriegers Enriquillo geht es dann quer durch die **Enriquillosenke** in das lebhafte Neiba, wo Sie links in die schöne, baumbeschattete Straße nach Jimaní einbiegen. Nach rund 35 km, zuletzt in Ufernähe des Lago Enriquillo, ist rechts im Hang die Taínohöhle **Las Caritas** *(S. 34)* zu sehen. Danach folgt gleich links der Parkplatz für die Besucher der **Isla Cabritos** *(S. 34)*. Auf dem Parkplatz tummeln sich halbzahme Nashornleguane, die Bananen mögen! Insider Tipp Weil man die Krokodile auf der Isla Cabritos am besten morgens sieht, bietet sich jetzt im nahen **La Descubierta** *(S. 34)* eine Übernachtung an.

Nach dem Ausflug am nächsten Tag fahren Sie weiter Richtung Westen, um den See zu umrunden. Bald nach dem kleinen Ort Boca de Cachón in der Senke des Sees haben Sie den Grenzort **Jimani** erreicht, wo ein **Kleidermarkt** am Straßenrand die Nähe des bettelarmen Haiti spüren lässt.

Hier verlassen Sie die Nordseite des Sees und kommen über ein kurzes Stück Schotterstraße auf seine Südseite, jetzt flankiert von der rechts aufsteigenden Sierra de Baoruco. Die Route über Limón, Zurza und Vengan a Ver (übersetzt: „Kommen Sie mal gucken!") bietet sehr schöne Ausblicke auf den smaragdgrün schimmernden See, den Rest der ehemaligen Meerenge, die Baoruco in erdgeschichtlicher Vorzeit von Hispaniola trennte.

Nach den Orten San José und Duvergé folgt wieder die Abzweigung nach Neiba. Ab hier kehren Sie auf bekannter Strecke geradeaus zurück nach Barahona.

3 STRÄNDE UND PALMEN AUF DEM WEG NACH SAMANÁ

Wer an der Nordküste urlaubt, sollte sich diesen zweitägigen Ausflug zur Halbinsel Samaná (180 km) gönnen. Allein die rund fünfstündige Anfahrt von Cabarete ist ein landschaftlicher Hochgenuss.

Die Fahrt führt von **Cabarete** *(S. 78)* immer entlang der Küstenstraße gen Osten. Zur Rechten erhebt sich das Gebirge, zur Linken verstecken sich immer wieder schöne Strände. Den Strand beim quirligen **Gaspar Hernández** hat ein All-inclusive-Hotel besetzt. Aber nur 24 km weiter, in **Río San Juan**, lädt eine Bootsfahrt von der *Laguna Gri-Gri* *(im Ort | 25 Euro pro Boot | Dauer ca. 1 Std.)* zu einer Fahrt durch Mangroven, zu Schnorchelpools und zur Playa Caletón ein. Schneller über eine kurze Stichstraße sind weiter östlich die beiden traumhaft wilden, weißen ▶▶ *Playa-Grande-Strandbuchten* zu erreichen.

Insider Tipp

Im folgenden **Abreú** führt eine Treppe hinunter zum besten Aussichtsplatz auf das **Cabo Francés Viejo**, den nordöstlichsten Zipfel des Landes. Gegenüber am Hang liegt mit traumhaftem Fernblick aufs Meer das Hotel *La Catalina Inn* *(32 Zi. | Tel. 80 95 89 77 00 | Fax 80 95 89 75 50 | www.lacatalina.com | €€)*. Kurz vor Cabrera lohnt dann ein Stopp an der Souvenirraststätte *Cosas de mi Tierra*. Hinter Cabrera führt die Straße dann durch einen windzerzausten Kokospalmenhain direkt am Meer bis **Nagua**, dem Tor zur Halbinsel Samana.

Insider Tipp

Junge Frauen in Barahona: Der Hauptort des Südwestens ist Startpunkt für die Krokodiltour

Die Fischstände von Matancita zur Linken und Reisfelder zur Rechten, geht es nun rüber auf die Halbinsel. Preiswerte Unterkünfte finden Sie in **Las Terrenas** *(S. 66)*, **Samaná** *(S. 68)* und **Las Galeras** *(S. 64)*.

EIN TAG IN CABARETE

Action pur und einmalige Erlebnisse.
Gehen Sie auf Tour mit unserem Szene-Scout

TAUCHGANG

9:00

Taucherbrille auf, Flossen an und mit einem Sprung ins Meer den Schlaf der Nacht vertreiben! Bei einer Schnorcheltour wird in Nemos Welt abgetaucht. Blühende Korallen und Fischschwärme, die in allen Farben schillern, kreuzen den Weg. Der Guide bringt einen an die abgelegensten Riffe, und jeder ist sich sicher, dass Atlantis ganz nah sein muss. **WO?** *Iguana Mama | Calle Principal 74 | Cabarete | Guide und Ausrüstung 30 US-Dollar | Transport ca.12 US-Dollar | Anmeldung unter: Tel. 1 809 571 09 08 oder 1 809 571 02 28 | www.iguanamama.com*

11:00

RUSH ON THE WATER

Einmal im Wasser, werden die Flossen gegen ein Wakeboard getauscht. Wenn die Gischt spritzt und sich die Muskeln anspannen, schießt das Adrenalin nach oben. Vor einem ist nur das Boot, das einen zieht, unter einem das glasklare Wasser. Zum Warm-up gibt's eine kurze Theoriestunde, bevor 20 Minuten Action nonstop warten! **WO?** *Cab Wake School | Cabarete Wakeboard Centre | Rio Yassica | Islabon | 20 Minuten kosten 35 US-Dollar | Anmeldung unter: Tel. 1 809 907 97 05 | www.cabwake.com*

SCAMPI FÜR KENNER

12:00

Der Magen gibt Laute von sich? Zeit für einen Boxenstopp: Direkt am Strand von Cabarete liegt das *La Casita de Don Alfredo* – ein Muss für jeden Meeresfrüchte-Fan. Hier werden Scampi geknackt und Shrimps gepult. Die fangfrischen Camarónes à la Papi zergehen einem auf der Zunge. **WO?** *La Casita de Don Alfredo | Playa Cabarete*

13:00

WESTERN-FEELING

Cowboys und Cowgirls aufgepasst: Die Pferde sind gestriegelt und gesattelt! Zuerst geht es gemächlich im Westernstyle am Strand entlang, um dann in den Dschungel einzutauchen. Vorbei an versteckten Dörfern und durch Zuckerrohrplantagen reitet man auf Pfaden der Taino-Indianer und spürt einen Hauch vergangener Zeiten. **WO?** *Rancho Montana | Veragua Abajo | Erwachsene 49 US-Dollar, Kinder 34 US-Dollar | Immer dienstags | Anmeldung unter: Tel. 1 809 248 54 07 | www.ranchomontana.com*

24 h

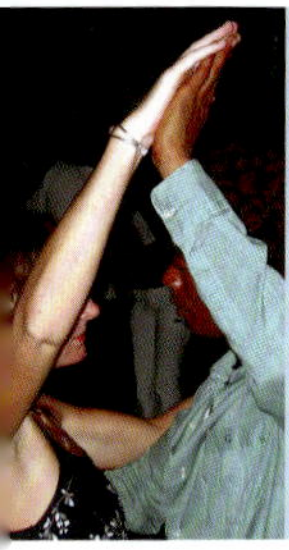

CARIBBEAN RHYTHM

18:00

Die Nacht naht, und beim Tanzkurs in der *Latin Dance School A Baílar* rüstet man sich für den Beat der Insel. Merengue, Bachata, Salsa – einfach die Hüften schwingen und der Ritmo Latino geht sofort ins Blut. Wer sich dann später auf der Partymeile von Cabarete nur noch tanzend fortbewegt, sollte sich nicht wundern, denn den Rhythmus vergisst man so schnell nicht wieder! **WO?** *Latin Dance School A Baílar | Cabarete | Wochenkurs ca. 45 US-Dollar | Anmeldung unter: Tel. 1 809 916 45 51 | www.a-bailar.net*

19:00

SUNDOWNER

Nach dem anstrengenden Tag steht ein Locationwechsel zum Relaxen an. Während die Windfahne noch flattert und die bunten Kitedrachen im Sonnenuntergang die allerletzte Windböe mitnehmen, trifft sich die Wassersportszene an der Bar des *Kite Beach Hotels* zum Sundowner. **WO?** *Kite Beach Hotel | Cabarete | www.kitebeachhotel.com*

KUNSTVOLLES DINNER

21:00

Erst staunen, dann essen, denn das *Miró* ist kein gewöhnliches Restaurant. Hier trifft sich die Künstlerszene zu Sushi, marokkanischen Gerichten und Salaten. Dazu gibt's regelmäßig Live-Musik und Kunstausstellungen. „Das Auge isst mit", dachte man sich wohl auch bei der Einrichtung: farbenfroh bemalte Wände, überall Pinsel, Staffeleien mit Kunstwerken und dazwischen ein paar Tische – ganz im surrealistischen Stil des Mannes, der dem Restaurant auch seinen Namen gab: Miró. **WO?** *Miró | Playa Cabarete | Tel. 1 809 853 68 48*

22:30

WANTED: DANCING QUEEN

Ab geht's zum nächsten Spot! Im *Las Brisas* trifft sich die Szene. Wenn sich zu später Stunde der Schuppen mit Surfern, Kitern und gut gelauntem Partyvolk füllt, heißt es: Let's dance! Reggaeton, Merengue und Salsa lassen hier niemanden still stehen. Der angesagteste Club der Gegend sollte keinesfalls verschlafen werden! **WO?** *Calle Principal | Cabarete | Tel. 1 809 571 06 14*

> VON ADVENTURE BIS WINDSURFEN

Die besten Plätze für Ihren Lieblingssport und die wichtigsten Adressen und Websites zum Vorabinformieren

> So abwechslungsreich die Landschaft der Dominikanischen Republik, so vielfältig sind auch die Möglichkeiten, Sport zu treiben.

Golfliebhaber können unter knapp 30 Plätzen wählen. Wind- und Kitesurfer finden vor allem in Cabarete Spitzenbedingungen, Wellenreiter in Las Terrenas. Und Tauchern bieten sich vor den Küsten nicht nur Wracks, Wälle und Unterwasserhöhlen als Herausforderung. Sie haben zudem von Ende Dezember bis März die Chance, Buckelwale unter Wasser zu beobachten. Aber auch die Voraussetzungen für viele andere Sportarten sind ideal, vor allem in den Gebirgen, besonders in der ★ Zentralkordillere. Dort laden reißende Flüsse zum Rafting, steile Wasserfälle zum Klettern und der höchste Berg der Karibik, der Pico Duarte, zum Gipfeltrekking ein. Ausrüstung können Golfer, Taucher und Surfer vor Ort leihen.

> www.marcopolo.de/dom-republik

SPORT & AKTIVITÄTEN

ADVENTURE

Für Riverrafting, Canyoning und Steilwandklettern, geführte Mountainbike- und Gipfeltrekkingtrips oder Paragliding gibt es spezialisierte Veranstalter in Cabarete, Jarabacoa und Las Terrenas. In der Gebirgswildnis von *Rancho Arriba* 26 km nordöstlich von San José de Ocoa betreibt Outdoorprofi Rudi Baumer die urige ▶▶ *Rancho Cascada* *(Kontakt in Deutschland: Reisejoker & Caribetour | Tel. 035955/777 89 | Fax 779 17 | www.caribetour.de)*. Seine Spezialitäten: Biken, Reiten, Rafting, Kanufahren und Trekking auf den Pico Duarte *(www.picoduarte.de)*.

ANGELN & TIEFSEEFISCHEN

Die Jagd auf Marline, Barrakudas, Haie, Thun- oder Schwertfische lohnt besonders vor der Nordküste. Die Angelfahrten sind Ganztages-

oder Halbtagestrips. Gute Anbieter sind z. B. *Caribbean Marine (Puerto Plata | Plaza Dorada | Tel. 80 93 20 22 49 | www.caribbeanmarinevacations.com)* und *Big Game Punta Cana Fishing (Punta Cana | Cabeza de Toro | Tel. 80 93 52 00 14).*

GOLF

Außer bei Turnieren müssen auf den Plätzen des Landes keine Handicapregelungen eingehalten werden. Zu den Klassikern wie dem berühmten, von Pete Dye konzipierten 18-Loch-Golfplatz *The Teeth of the Dog* im Casa de Campo bei La Romana oder dem Meisterschaftsgolfplatz im Playa-Dorada-Komplex bei Puerto Plata kamen in den letzten Jahren ständig neue dazu, darunter der von Jack Nicklaus entworfene *Punta Espada* im Cap-Cana-Resort. Auskunft: *Asociación Dominicana de Golf | Tel. 80 94 76 45 41 | www.lawebdegolf.com/campos/dominicana.php*

KITESURFEN

Dank seiner konstanten und nicht zu starken ganzjährigen Winde gilt ▶▶ Cabarete als weltweit bestes Kitesurfrevier *(www.cabaretekiteboarding.com)*. Seit 2000 findet hier alljährlich der Cabarete Kiteboarding World Cup statt. Die erste Kitesurfschule eröffneten die Deutschen Markus Böhm und Stefan Rüther. Inzwischen gibt es auch in Las Terrenas Kitesurfschulen. Ein Kitesurfkurs kostet ab 230 Euro.

REITEN

Anspruchsvolle Reiter finden im *Casa de Campo (www.casadecampo.com)* in La Romana einen erstklassig geführten Reitstall mit Springparcours und Polofeld. Trailritte durchs Land bietet *Pegasus Reiterreisen (www.reiterreisen.com)* an. Reitausflüge ins Zentralgebirge kann man bei der ▶▶ *Rancho Jarabacoa (Jarabacoa | Tel. 80 92 48 79 09 | 2 Std. ab 30 Euro)* buchen. Insider Tipp

TAUCHEN

Riffe, Wälle, Kalksteinterrassen, Unterwasserhöhlen, Wracks – die unterschiedlichen Unterwasserwelten des Landes an der Karibikküste im Süden, der Monapassage im Osten und im Atlantik im Norden erschließen fast 60 Tauchbasen. Topspots im Süden sind der Parque Nacional Submarino La Caleta bei Boca Chica, (Kalksteinterrassen, Unterwasserhöhlen), der La Romana vorgelagerte Nationalpark Isla Catalina (Korallenriff im Westen, Steilhang im Süden) und besonders die Gewässer des Nationalparks del Este mit der Isla Saona und dem ▶▶ Kanal Catuán (Paradies für Schnorchler). Im Osten vor der Costa de Coco zwischen Bávaro und Punta Cana erstreckt sich das mit über 30 km längste Saumriff des Landes. Und vor Samaná breitet sich das abwechslungsreiche Tauchrevier Cabrón aus (Kliffe, Riffe und Wälle bis 54 m Tiefe). Vor Sosúa und etwas westlich finden Fortgeschrittene ihre Herausforderungen, zum Beispiel im Tunnelsystem La Pirámide. Bei Río San Juan im Nordosten sind besonders oft Delphine und Buckelwale zu beobachten. Die beste Unterwassersicht herrscht von November bis Januar. Informative Websites: *www.tauchbasen.net, www.taucher.net*

TENNIS

Die größeren Ferienresorts bieten meist ihre eigenen Plätze, oft mit Flutlicht, das *Casa de Campo* in La Romana sogar ein perfekt ausgestattetes Tenniscenter. In den Orten mit viel Individualtourismus haben sich auch Tennisclubs etabliert, z.B. in *Las Terrenas (Tenis Club La Esperanza)*.

einsetzendem Sideshorepassat. Vor allem im Winter tummeln sich hier Könner aus aller Welt. Für die Anfänger gibt es dann in der Nähe eine Ausweichlagune mit spiegelglattem Wasser.

Gute Bedingungen für Wellenreiter herrschen in ▶▶ Las Terrenas. Surfbretter gibt es bei *Pura Vida (www.puravidacaraibes.com)*.

Der Golfplatz in La Romana ist ein Klassiker unter den dominikanischen Greens

WELLENREITEN & WINDSURFEN

Die flache Bucht von Boca Chica ist ideal für Anfänger. Wer die typische Surferszene nicht missen will, sollte den Surferort schlechthin ansteuern: *Cabarete (www.cabaretewindsurfing.com)*: 2 km breite, offene Bucht, Stehbereich von 5 m, kleine bis große Wellen bei mittags von Nordwesten mit vier bis sechs Beaufort

YACHTHÄFEN

Nagelneu ist der Yachthafen von *Ocean World* an der Nordküste bei Puerto Plata. Weitere Marinas in dieser Klasse sind vor der Altstadt von Santo Domingo und im Osten an der Costa de Coco beim Kap Cana in Planung. Segler können sich beim *Club Náutico Santo Domingo (Boca Chica | Stadtteil Andrés | Tel. 80 96 85 49 40)* informieren.

> SPASS FÜR DIE GANZE FAMILIE

Grottenstarke Höhlen, echte Burgen, Haie, Delphine oder Riesenwasserrutschen: Für Abwechslung ist gesorgt

> Freuen Sie sich auf ein Land, in dem Kinder überall gern gesehen sind und Sie mit Ihren Knirpsen schnell im Mittelpunkt des Interesses stehen. Kinder sind für die familienbewussten Dominikaner der Inbegriff eines sinnvoll gelebten Lebens.
Allerdings sollten Sie ein paar Dinge bedenken, vor allem das ungewohnte tropische Klima. Sonnenbrand und Durchfall sind zu befürchten. Deshalb gehören ins Reisegepäck unbedingt Sonnencreme mit hohem Lichtschutzfaktor, Sunblocker, schützende Baumwollshirts und Käppis und – für ganz sensible Esser – eingeschweißte, verdauungsstabilisierende Kekse.

In der Dominikanischen Republik gibt es zahlreiche All-inclusive-Hotels mit Kinderclubs oder Kinderanimation, wo die Kleinen unter geschulter Anleitung malen, basteln, Spiele machen oder Merengue tanzen lernen. Allerdings hinkt das Angebot der Shops in diesen Hotels oft der

MIT KINDERN REISEN

proklamierten Kinderfreundlichkeit hinterher. Fast alle großen Häuser verfügen über einen Kinderpool. Vor Ort gilt: langsam an die Sonne gewöhnen und Hände weg von Eis und mit Eis verdünnten Säften, denn hier können sich Krankheitserreger verstecken.

SANTO DOMINGO

ACUARIO NACIONAL [125 F5]

Am Acrylglastunnel drücken sich die Kinder die Nasen platt, um den Haien so nah wie möglich zu sein. In beleuchteten Aquarien erstrahlen die Tropenfische in Neonfarben. Auch in den Bassins gibt es viel zu sehen, z.B. Schildkröten und Krokodile. *Di bis So 9.30–17.30 Uhr | Eintritt 50 Pesos, Kinder 36 Pesos | Av. España*

MUSEO INFANTIL TRAMPOLÍN [U F5]

Ein simuliertes Erdbeben im Saal des Planeten Erde, selber Energie mit einem Fahrrad produzieren oder den Insider Tipp

Sternenhimmel im Saal des Universums studieren und an lebensgroßen Plastikmenschen die fünf Sinne, die Muskeln oder die Blutgefäße bestaunen: Nicht nur Kinder wird diese großartig aufbereitete Welt-der-Wunder-Schau faszinieren! Auch der Spaß kommt nicht zu kurz, etwa vor den Zerrspiegeln. *Di–Fr 9–17 Uhr | Eintritt 100 Pesos, Kinder 50 Pesos | Casa Rodrigo de Bastidas | Calle Las Damas | www.trampolin.org.do*

PARQUE DE LOS TRES OJOS [123 F5]
Die Floßfahrt auf dem unterirdischen See ist der Renner bei den Kids. Aber auch die geheimnisvoll beleuchteten Stalaktiten und Stalagmiten tun ihre Wirkung in dieser grottenstarken, 16 m tiefen Höhle. *Tgl. 9–17.30 Uhr | Eintritt 50 Pesos, Kinder 30 Pesos | Parque Mirador del Este (Stadtausgang Richtung Flughafen)*

PARQUE ZOOLÓGICO [123 F4–5]
Man sollte hier auf jeden Fall bequem mit dem Bähnchen herumkurven, das im Eintrittspreis enthalten ist, denn der Park ist nicht so recht für Spaziergänger gemacht. Auf langen, asphaltierten Wegen geht es zu Schlangen und bengalischen Tigern, zu Affen, Bären und Papageien – und natürlich zu Krokodilen (und zwar dem einheimischen Spitzkrokodil, das sonst nur noch im Lago Enriquillo lebt). In ein Gehege, die große Vogelvoliere, kann man sogar hineinspazieren. *Di–So 9–17 Uhr | Eintritt 160 Pesos, Kinder bis 3 Jahre frei | Av. Los Arroyos*

DER OSTEN

ANIMAL ADVENTURE PARK [127 F3] Insider Tip
Wenn sich der Nashornleguan der streichelnden Hand entgegenreckt oder auf verwunschenen Wegen ganz nah Kolibris an Nektarnäpfen naschen, dann sind nicht nur Kinder entzückt von diesem liebevoll gestalteten „Tier-Erlebnis-Park“. *Tgl. 9 bis 12 und 14.30–17.30 Uhr | Eintritt 35 US$, Kinder 20 US$ | www.animalpark.com.do | Cabeza de Toro*

Badespaß am Strand von Las Terrenas auf der Halbinsel Samaná

„Kinder gern gesehen": Das dominikanische Leitmotiv sorgt für fröhliche Gesichter

DIE MITTE

SALTO DE JIMENOA [122 B1]

Abenteuer Natur! Mit Getöse stürzen hier die Wasser in einen Badepool – ganz nah zur Sandbank, auf die man sich mit kleineren Kindern zurückziehen kann. Für die Kids ist der Spaß natürlich erst perfekt, wenn die Hängebrücke über den Fluss wieder repariert ist … *Tgl. 8–18 Uhr | Eintritt 30 Pesos, Kinder bis 3 Jahre frei | etwa 8 km südlich von Jarabacoa (ausgeschildert)*

DER NORDEN

FORTALEZA SAN FELIPE [118 B2]

Eine echte Trutzburg gegen Piratenüberfälle! Dicke Mauern, dunkle Gewölbe, alte Kanonen und Schießscharten beflügeln hier nicht nur die kindliche Phantasie. Im Innern sind im Militärmuseum uralte Gewehre zu sehen. *Tgl. 9–16.45 Uhr | Eintritt 15 Pesos, Kinder frei | Puerto Plata | am Westende des Malecón*

FUN CITY ACTION PARK [118 B2]

Die „Formel-1"-Rennbahn ist nicht nur bei den Kids beliebt. Zur Wahl stehen Grand-Prix-Bahn (die mit 450 m längste), Sprint 500 (ovale Strecke für Sprints) und Cyclone (die schnellste). Für jede gibt es passende Gokarts, dazu ein Kinderland mit „Bumpercars". *Mo–Fr 10–19, Sa/So 10–22 Uhr | www.funcity-gocarts.com | All-inclusive-Eintritt 20 US$, Kinder 15 US$ | Carretera Puerto Plata–Sosúa km 8*

OCEAN WORLD ADVENTURE PARK [118 B2]

Hier entzündet sich die Phantasie nicht nur der Kinder an einer kunstvollen Dschungellandschaft mit Wasserfall, Amazonasfischen und Schlangen oder am „Ozean" mit Haien, Delphinen und Seelöwen. Außerdem gibt es weiße Tiger und eine Regenwaldsektion mit Wasserfall, Amazonasfischen und Schlangen. *Tgl. 8 bis 18.30 Uhr | Eintritt je nach Show ab 57 US$, Kinder ab 40 US$ | www.oceanworld.info | Playa Cofresí*

TELEFÉRICO PUERTO PLATA [118 B2]

Wenn bei der Seilbahnfahrt auf den Pico Isabel de Torres Menschen und Häuser immer kleiner werden und sich die ganze Nordküste im Panoramablick zeigt, schweigen selbst die quirligsten Geister. *Tgl. 8–17 Uhr | 200 Pesos, Kinder 100 Pesos*

> VON ANREISE BIS ZOLL

Urlaub von Anfang bis Ende: die wichtigsten Adressen und Informationen für Ihre Reise in die Dominikanische Republik

ANREISE & AUSREISE

Wer nicht pauschal gebucht hat, kann unter zahlreichen Fluggesellschaften wählen, deren Tickets oft zu günstigen Last-Minute-Tarifen verkauft werden. Santo Domingo fliegen z.B. Air France, Iberia, Martinair Holland oder Condor für Preise zwischen 500 und 800 Euro an. Wer via USA einreisen will, der benötigt für einen Zwischenstopp in den USA einen maschinenlesbaren Pass. Die Flughäfen der Ferienregionen werden von Ferienfliegern wie LTU und Condor angesteuert. Flüge aus der Dominikanischen Republik, z.B. nach Puerto Rico, Caracas, Aruba, Curaçao oder New York, aber auch nach Europa sind aufgelistet auf der Website *www.dominicanrepublic.com/travel/airlines.php*. Die Flugzeit beträgt rund zehn Stunden. Individualreisende müssen bei der Einreise eine Touristenkarte für 10 US$ erwerben; sie erlaubt einen Aufenthalt von 15 Tagen, bei einer Verlängerung bis zu 90 Tagen werden bei der Ausreise 300 Pesos fällig. Bei Pauschalreisen sind die Karte und gegebenenfalls auch die Verlängerungskosten bereits im Preis enthalten. Auf der Karte muss die Adresse eines ersten Hotels angegeben sein. Bei der Ausreise werden für Individualreisende 20 US$ fällig, und die Kopie der Touristenkarte muss wieder abgegeben werden.

PRAKTISCHE HINWEISE

Taxis verlangen rund 30 US$ für die Fahrt zum Hotel, z.B. in Santo Domingo. Wer direkt am Flughafen mit einem Mietwagen weitermöchte, sollte in Santo Domingo (größte Auswahl an Verleihfirmen) oder Puerto Plata landen. An den Flughäfen der Ferienregionen herrscht organisierter Bustranfer zu den Hotels vor, Verleihfirmen (und oft auch Taxis) sind deshalb dort rar.

AUSKUNFT VOR DER REISE

AUSWÄRTIGES AMT

Eine gute Informationsquelle für viele Fragen vor der Reise in die Dominikanische Republik ist die Website des Auswärtigen Amts: *www.auswaertiges-amt.de*. Für Visafragen sind die dominikanischen Konsulate in Frankfurt, Hamburg und Stuttgart zuständig.

FREMDENVERKEHRSAMT DER DOMINIKANISCHEN REPUBLIK

Hochstr. 54 | 60131 Frankfurt | Tel. 069/91 39 78 79 | Fax 28 34 30 | www.dominicana.com.do, www.godominicanrepublic.com, www.sectur.gov.de

AUSKUNFT IN DER DOMINIKANISCHEN REPUBLIK

Die Zentrale der *Secretaría de Estado de Turismo* hat ihren Sitz in der *Av. México/Calle 30 de Marzo (Gebäude D) | Santo Domingo | República Dominicana | Tel. 001/80 92 21 46 60 | Fax 80 96 82 38 06;* da viele Zweigstellen in den einzelnen Städten eher administrativen Aufgaben dienen, sind in diesem Führer bei den Ortskapiteln nur vereinzelt Büros aufgeführt.

WÄHRUNGSRECHNER

€	RD	RD	€
1	43	100	2,34
2	86	200	4,67
3	129	250	5,84
4	171	300	7,00
5	214	400	9,34
6	257	500	11,68
7	300	700	16,35
8	343	900	21,02
9	386	1250	29,19

AUTO

Gute vierspurige Schnellstraßen *(autopistas)* erschließen das Land von Santo Domingo aus nach Norden, Westen und Osten, alle drei sind mautpflichtig (30 Pesos). Tankstellen gibt es im ganzen Land. Vor längeren Fahrten in dünn besiedelte Regionen sollte man jedoch stets vorher voll tanken. Erlaubt sind auf Schnellstraßen 100 km/h, auf Landstraßen 80 km/h. Auch wenn sich viele Dominikaner nicht darum kümmern und viel schneller oder aber sehr viel langsamer fahren, rechts und links überholen und in der Nacht nicht abblenden: Als Tourist ist es ratsam, sich an die Vorschriften zu halten, um

Bekanntschaft mit der Polizei zu vermeiden. Vorsicht ist vor allem abends geboten: In der rasch einbrechenden Dunkelheit sind immer Menschen am Straßenrand unterwegs, und die Straßenbeleuchtung ist oft mangelhaft. Unbedingt besonders defensiv fahren, denn im Fall eines Verkehrsunfalls ist das Schlimmste zu befürchten: Die Polizei ist normalerweise schnell zugegen, aber Rettungsdienste kommen sehr spät, wenn überhaupt. Problematisch wird die Klärung der Schuldfrage, wenn ein Dominikaner zu Schaden kam. Sie kann Wochen dauern, eine Zeit, in der man das Land meist nicht verlassen darf. Und trotz gegenteiliger Beweise geht die Entscheidung dann am Ende auch häufig zu Ungunsten des ausländischen Fahrers aus.

BANKEN & KREDITKARTEN

Kreditkarten werden fast überall akzeptiert, zum Teil auch in Supermärkten, allerdings meist mit einem zehn- bis 15-prozentigen Aufschlag. In nahezu jeder Stadt gibt es außerdem Geldautomaten *(cajeros automáticos)*, an denen Sie mit Visa- oder Mastercard-Kreditkarte bzw. ec-Karte mit Maestrozeichen Bargeld abheben können. Belastet werden dem Konto der Gegenwert in Euro zum Tageskurs plus die fälligen Prozente für den Auslandseinsatz, was jedoch meist günstiger ist als der Kauf von Dollars und deren Umtausch vor Ort. Die Automaten sind mit den Logos der akzeptierten Kreditkarten gekennzeichnet, z.B. die Automaten des Banco Popular mit dem Visazeichen und die des Banco Progreso mit dem Mastercard-Zeichen. Bei Verlust der Karte wählen Sie den rund um die Uhr besetzten deutschen *Sperrnotruf 0049/11 61 16.* Banken sind Mo–Fr von 8 bis 15 Uhr, in Touristenzentren oft auch Sa von 8 bis 13, vor Feiertagen nur bis 12 Uhr geöffnet.

DIPLOMATISCHE VERTRETUNGEN

DEUTSCHE BOTSCHAFT (EMBAJADA DE LA REPÚBLICA FEDERAL DE ALEMANIA)
Edificio Torre Piantini Piso 16, Calle Gustavo Mejía Ricart, Ecke Av. Abraham Lincoln | Santo Domingo | Tel. 80 95 42 89 49 | Fax 80 95 42 89 55 | www.santo-domingo.diplo.de

HONORARKONSULAT ÖSTERREICHS (CÓNSUL HONORARIO DE AUSTRIA)
Calle General Román Franco Bidó 11, Ensanche Bella Vista | Santo Domingo | Tel. 80 95 08 07 09 | Fax 80 95 32 56 03 | cdo.austria@verizon.net.do

GENERALKONSULAT DER SCHWEIZ (CONSULADO GENERAL DE SUIZA)
Av. Jiménez Moya 71 | Santo Domingo | Tel. 80 95 33 37 81 | Fax 80 95 32 37 81

EINREISE

Für die Einreise benötigen Sie einen Reisepass, der noch mindestens drei Monate gültig sein muss. Kinder ab zehn Jahre benötigen einen Ausweis mit Lichtbild und ab 16 einen Reisepass.

FKK & OBEN OHNE

Nacktheit wie auch oben ohne verletzt das Schamgefühl der Dominikaner und auch anderer. Obwohl oben ohne noch in vielen All-inclusive-Hotels toleriert wird, verbieten es immer mehr Fünfsternehotels ausdrücklich in ihrer Hausordnung.

FOTOGRAFIEREN

Die Dominikaner, ob jung oder alt, lassen sich normalerweise gern fotografieren, wenn man sie vorher nett fragt. Verboten ist es, bei Militär und militärischen Anlagen auf den Auslöser zu drücken. Filme bzw. Speicherkarten sollte man ausreichend mitnehmen (gegebenenfalls Adapter für den Laptop nicht vergessen!).

GESUNDHEIT

Auf jeden Fall ratsam ist eine Auslandskrankenversicherung mit Rückholversicherung. Impfungen sind für die Dominikanische Republik offiziell nicht erforderlich. Tropenärzte empfehlen jedoch einen Schutz gegen Hepatitis A und Diphtherie, außerdem – falls notwendig – eine Auffrischung der Tetanusimpfung, bei Langzeitaufenthalten auch Hepatitis B. Die Malariagefahr galt lange als eingedämmt, aber zuletzt 2007 traten wieder Fälle auf (in der Region Punta Cana). Malariaschutz wird deshalb empfohlen. Stark verbreitet hat sich der ebenfalls von Mücken übertragene Virus des Denguefiebers (Symptome: starke Gelenk- und Muskelschmerzen). Die Krankheit wird aber erst nach wiederholter Infektion lebensgefährlich. Trotzdem sollte auf guten Mückenschutz bei Ausflügen in Feuchtgebiete geachtet werden (Cremes, Lotionen oder Sprays auf alle nicht sicher abgedeckten Hautpartien).

Die Fischvergiftung Ciguatera tritt meist regional nach Riffverschmutzungen oder -zerstörungen auf, die das Wachstum toxischer Algen begünstigen. Über die Nahrungskette konzentrieren sich die Gifte in großen Raubfischen, deren Verzehr dann gefährlich werden kann – vorher Erkundigungen über eventuelle Krankheitsfälle einziehen! Häufiger sind Magen-Darm-Erkrankungen durch verunreinigtes Wasser (z.B. in verdünnten Fruchtsäften, in Eis oder beim Waschen frischer Salate). Vorbeugend sollte man Speisen und Getränke von hygienisch nicht einwandfreien Straßenständen meiden. Tödliche Folgen kann schließlich durch die hohe Aidsrate im Land ungeschützter Sex mit Einheimischen haben.

Wer nett fragt, darf meist gerne knipsen

INLANDSFLÜGE

Etliche Inlandsflughäfen werden zurzeit für eine Förderung des Inlandstourismus ausgebaut. Nationale (Charter-)Airlines, die zum Teil auch international verkehren, sind z.B.

Caribair *(www.caribair.com.do)* und Take off *(www.takeoffweb.com)*.

INTERNET

DEUTSCHSPRACHIG

Informative Websites zur Dominikanischen Republik sind: für Aktuelles und Hintergrund *www.dominicananews.com;* Nachrichten, Anzeigen: *www.domrep-magazin.de;* Punta Cana-News: *www.punta-cana.info;* Samanáführer und Angebote: *www.the-samana-page.com;* Nachrichten aus Sosúa: *www.sosuanachrichten.com*

ENGLISCHSPRACHIG

Portal des Dominikanischer Hotelverbands: *www.dominicanrepublic.com;* Travelguide: *www.webdominicana.com;* Online-Nachrichtenmagazine: *www.dr1.com, www.dominicantoday.com;* Adressenverzeichnisse: *www.dd.com.do* und *www.paginasamarillas.com*

SPANISCH

Beste Informationen zu Tourismus, Natur und Kultur: *www.dominicanaonline.org;* viele Kulturinfos (auch Museen): *www.terra.com.do;* exzellentes Onlinemagazin von El Caribe mit aktuellen Ausgehtipps (siehe „bonche") *www.elcaribecdn.com;* Insider Tipp Ausgehtipps u. a. für die Hauptstadt: *www.capitalenos.com.do, www.ciudadprimada.com* und *www.santodomingo.net.do.* Adressen von Restaurants: *www.menu.com.do* und *www.dondecomerybeber.com*

WAS KOSTET WIE VIEL?

> **BIER**	**1,30 EURO** für eine Flasche „Presidente"
> **KAFFEE**	**0,60 EURO** für einen Becher
> **ZIGARREN**	**12 EURO** für 10 Don Diego Preludes
> **IMBISS**	**2,70 EURO** für ein halbes Hähnchen mit Brot
> **BENZIN**	**0,90 EURO** für einen Liter Super
> **KUTSCHFAHRT**	**12 EURO** für 1 Std. in der Altstadt Santo Domingos

INTERNETCAFÉS & WLAN

Internetservice ist in den All-inclusive-Hotels selten im Preis enthalten. Mit bis zu 5 US$ für die halbe Stunde sind dort die Preise am höchsten. Außerhalb der Resorts zahlt man etwa die Hälfte. Und überall dort, wo auch Dominikaner im Netz surfen, z. B. in den Telefonbüros von Codetel (früher Verizon), kostet eine halbe Stunde nur 30 Pesos. WLAN ist noch nicht sehr weit verbreitet.

KLIMA & REISEZEIT

Richtig kühl wird es nie, obwohl die Dominikaner die regen- und windintensivere Zeit im Sommerhalbjahr nachts als „frisch" empfinden. Die Schauer dieser „Regenzeit" sind zwar meist kurz, doch kann der Himmel vor allem im niederschlagsreicheren Norden des Landes dann schon mal ein paar Tage bewölkt sein. Das ganze Jahr über weht ein stabiler Nordostpassat. Die durchschnittliche Tagestemperatur beträgt knapp 30 Grad, die Luftfeuchtigkeit etwa 50 Prozent; das Wasser hat auf der Karibikseite eine Durchschnittstemperatur von 27 Grad, an der Atlantikseite ist es etwas kühler. Reisen in der Sparsaison (Frühjahr oder Herbst) sind um bis zu 30 Prozent billiger als in der Hochsaison – bei All-inclusive-Hotels können das mehrere Hundert Euro sein.

MIETFAHRZEUGE

Günstig ist es, einen Mietwagen bereits vor Abreise zu bestellen, z. B. per Internet. Der bestellte Wagentyp steht dann bei Ankunft je nach Wunsch am Flughafen von Santo Domingo, La Romana, Punta Cana oder Puerto Plata bereit. Mietwagenverleihe gibt es außerdem in allen Ferienorten. Pro Tag kostet ein Leihauto mindestens 30 Euro (bei unbegrenzten Kilometern) plus etwa 12 Euro Versicherung. Das Mindestalter für den Verleih ist 25 Jahre, als Fahrlizenz genügt der nationale Führerschein. Bezahlt wird mit Kreditkarte. Wer ein Motorrad mieten will, sollte wissen, dass diese oft gestohlen werden und der Mieter nach dem üblichen Mietvertrag verpflichtet ist, den Wert des Motorrades (etwa 2000–3000 US$) zu ersetzen. Bei Nichtbezahlung droht die Festnahme.

NATIONALPARKS

Fast ein Viertel des Landes besteht aus geschützten Gebieten, darunter zahlreiche Nationalparks. Die meisten kosten 50, einige 100 Pesos Eintritt und dürfen nur mit Führer betreten werden. Mehr Informationen auf der Website des *Secretaría de Estado de Medio Ambiente y Recursos Naturales www.ceiba.gov.do.*

„Dach der Karibik": die grünen Berghänge des Nationalparks in der Cordillera Central

NOTRUF & NOTARZT

NOTRUF LANDESWEIT: 911

Außerdem bietet die Touristenpolizei einen gebührenfreien Notrufdienst unter *Tel. 180 92 00 35 00* (von überall). Deutschsprachige Ärzte vermittelt die deutsche Botschaft.

ÖFFENTLICHE VERKEHRSMITTEL

Nahverkehrsbusse *(guaguas)* sind oft klapprig und überfüllt. Sie halten meist an zentralen Parks. Wer sie benutzen will, sollte mit den Einheimischen einigermaßen vertraut sein. Sinnvoll ist es auch, sich bei den Mitreisenden vorab über den Fahrpreis zu erkundigen; immer häufiger werden von Touristen höhere Preise verlangt.

> ¿HABLAS ESPAÑOL?

„Sprichst du Spanisch?" Dieser Sprachführer hilft Ihnen, die wichtigsten Wörter und Sätze auf Spanisch zu sagen

Aussprache

Zur Erleichterung der Aussprache:

c	vor „e, i" stimmloser Lispellaut, stärker als engl. „th". Bsp.: gracias
ch	stimmloses deutsches „tsch" wie in „tschüss"
g	vor „e, i" wie deutsches „ch" in „Bach"
gue, gui/que, qui	das „u" ist immer stumm, wie deutsches „g"/„k"
j	immer wie deutsches „ch" in „Bach"
ll, y	wie deutsches „j" zwischen Vokalen. Bsp.: Mallorca
ñ	wie „gn" in „Champagner"

AUF EINEN BLICK

Ja./Nein.	Sí./No.
Vielleicht.	Quizás./Tal vez.
In Ordnung!/Einverstanden!	¡De acuerdo!/¡Está bien!
Bitte./Danke.	Por favor./Gracias.
Vielen Dank.	Muchas gracias.
Gern geschehen.	De nada.
Entschuldigung!	¡Perdón!
Wie bitte?	¿Cómo (dice/dices)?
Ich verstehe Sie/dich nicht.	No le/la/te entiendo.
Ich spreche nur wenig Spanisch.	Hablo sólo un poco de español.
Können Sie mir bitte helfen?	¿Puede usted ayudarme, por favor?
Ich möchte/würde gerne …	Quiero …/Quisiera …
Das gefällt mir (nicht).	(No) me gusta.
Haben Sie …?	¿Tiene usted …?
Wie viel kostet es?	¿Cuánto cuesta?
Wie viel Uhr ist es?	¿Qué hora es?

KENNENLERNEN

Guten Morgen/Tag!	¡Buenos días!
Guten Tag!	¡Buenas tardes! (nachmittags)
Guten Abend!	¡Buenas tardes!
Gute Nacht!	¡Buenas noches!
Hallo! Wie geht's?	¡Hola! ¿Qué tal?
Ich heiße …	Me llamo …
Ich komme aus …	Soy de …

> www.marcopolo.de/dom-republik

SPRACHFÜHRER SPANISCH

Wie ist Ihr Name, bitte?	¿Cómo se llama usted, por favor?
Wie geht es Ihnen/dir?	¿Cómo está usted?/¿Qué tal?
Danke. Und Ihnen/dir?	Bien, gracias. ¿Y usted/tú?
Auf Wiedersehen!	¡Hasta luego!/¡Adiós!
Tschüss!	¡Adiós!
Bis bald!/Bis später!	¡Hasta pronto!/¡Hasta luego!
Bis morgen!	¡Hasta mañana!

UNTERWEGS

AUSKUNFT

links/rechts	a la izquierda/a la derecha
geradeaus	derecho
nah/weit	cerca/lejos
Wie weit ist das?	¿A qué distancia está?
Ich möchte … mieten.	Quiero alquilar …
… ein Auto	… un carro.
… ein Boot	… una barca/un bote/un barco.
Bitte, wo ist …?	Perdón, ¿dónde está …?
… der Bahnhof	… la estación (de trenes)
… der Busbahnhof	… la estación de autobuses/ … el terminal
… der Hafen	… el puerto
… der Flughafen	… el aeropuerto
Zum … Hotel.	Al hotel …

TANKSTELLE

Wo ist bitte die nächste Tankstelle?	¿Dónde está la estación de gasolina/ la gasolinera más cercana, por favor?
Ich möchte … Liter …	Quiero … litros de …
… Super./… Diesel.	… súper./… diesel.
Voll tanken, bitte.	Lleno, por favor.

UNFALL

Hilfe!	¡Ayuda!/¡Socorro!
Achtung!	¡Atención!
Rufen Sie bitte schnell …	Por favor, llame enseguida …
… einen Krankenwagen.	… una ambulancia.
… die Polizei.	… a la policía.
… die Feuerwehr.	… a los bomberos.
Es war meine Schuld.	Ha sido por mi culpa.

Es war Ihre Schuld. — Ha sido por su culpa.
Geben Sie mir bitte Ihren Namen und Ihre Anschrift. — ¡Por favor, déme su nombre y dirección!

ESSEN/EINKAUFEN

Wo gibt es hier …	¿Dónde hay por aquí cerca …
… ein gutes Restaurant?	… un buen restaurante?
… ein nicht zu teures Restaurant?	… un restaurante no demasiado caro?
Auf Ihr Wohl!	¡Salud!
Bezahlen, bitte.	¡La cuenta, por favor!
Reservieren Sie uns bitte für heute Abend einen Tisch für vier Personen.	¡Por favor, resérvenos para esta noche una mesa para cuatro personas!
Die Speisekarte, bitte.	¡El menú, por favor!
Ich nehme …	Quisiera …/Tráigame …
… einen Espresso	… un café solo
… einen Milchkaffee	… un café con leche
… mit Zucker/Milch/Zitrone	… con azúcar/leche/limón
… einen (Orangen-)Saft	… un jugo (de naranja)
… ein Bier	… una cerveza
… ein Mineralwasser	… un agua mineral
… mit/ohne Kohlensäure	… con/sin gas
… mit/ohne Eis	… con/sin hielo
… einen Weißwein	… un vino blanco
… einen Rotwein	… un vino tinto
Frühstück	desayuno
Mittagessen	almuerzo
Abendessen	cena
Fisch	pescado
Fleisch	carne
Geflügel	aves
Salat	ensalada
Suppe	sopa
Dessert	postre
vegetarisch	vegetariano
Messer	cuchillo
Gabel	tenedor
Löffel	cuchara
Wo finde ich …?	Por favor, ¿dónde hay …?
… eine Apotheke	… una farmacia
… eine Bäckerei	… una panadería
… ein Lebensmittelgeschäft	… un almacén
… den Markt	… el mercado

ÜBERNACHTUNG

Entschuldigung, können Sie mir bitte … empfehlen?	Perdón, señor/señora/señorita. ¿Podría usted recomendarme …?
… ein Hotel	… un hotel
… eine Pension	… una pensión
Ich habe ein Zimmer reserviert.	He reservado una habitación.
Haben Sie noch …	¿Tienen ustedes …
… ein Einzelzimmer?	… una habitación individual?
… ein Zweibettzimmer?	… una habitación doble?
… mit Dusche/Bad?	… con ducha/baño?
… für eine Nacht?	… para una noche?
… für eine Woche?	… para una semana?
Was kostet das Zimmer mit …?	¿Cuánto cuesta la habitación con …?
… Frühstück	… desayuno
… Halbpension	… media pensión

PRAKTISCHE INFORMATIONEN

ARZT

Können Sie mir einen guten Arzt empfehlen?	¿Puede usted recomendarme un buen médico?
Ich habe …	Tengo …
… Durchfall.	… diarrea.
… Fieber.	… fiebre.
… Kopfschmerzen.	… dolor de cabeza.
… Zahnschmerzen.	… dolor de muelas.

BANK

Wo ist hier bitte …	Por favor, ¿dónde hay por aquí …
… eine Bank/… eine Wechselstube?	… un banco?/una oficina de cambio?
Ich möchte … Euro in Pesos wechseln.	Quiero cambiar … euros en pesos.

ZAHLEN

1	un, uno, una	10	diez	20	veinte
2	dos	11	once	21	veintiuno, -a, veintiún
3	tres	12	doce	50	cincuenta
4	cuatro	13	trece	100	cien, ciento
5	cinco	14	catorce	1000	mil
6	seis	15	quince	10000	diez mil
7	siete	16	dieciséis	1/2	medio
8	ocho	17	diecisiete	1/4	un cuarto
9	nueve	18	dieciocho		
		19	diecinueve		

> Die Seiteneinteilung für den Reiseatlas finden Sie auf dem hinteren Umschlag dieses Reiseführers.

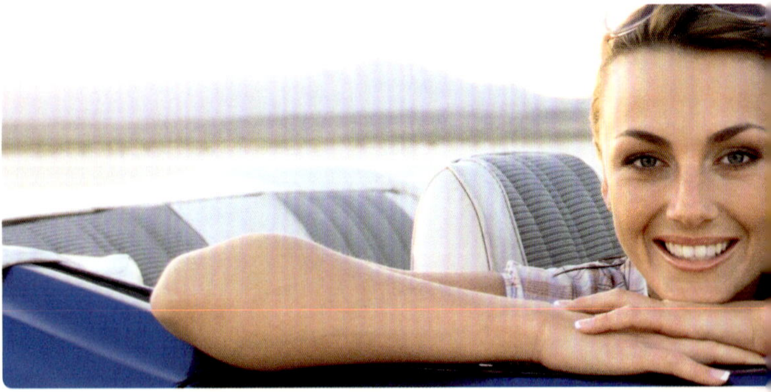

REISEATLAS

DOMINIKANISCHE REPUBLIK

A
B
C
1
2
3
4
5
6
10 km
Tercero
Monte Grande
Ratas
Monte Chico
Arenas
Cayos Siete Hermanos
Parque Nacional
Montecristi
Tororú
Punta Luna
Cabo del Morro
Isla Cabra
El Morro
Bahía de Icaquito
Playa Montecristí
Bahía de Montecristi
Salinas
MONTECRISTÍ
El Jabo
El Rincón
Batey Juliana
Villa Gar
La Cruz
Vijiador
El Ahogado
La Judea
Las Aguas
Los Conucos
Punta Presidente
Playa Estero Balsa
Punta Manzanillo
Pointe Caracol
Baie de Caracol
Caracol
Pointe de l'Ouest
Bahía de Manzanillo
Baie de Fort Liberté
Fort Liberté
Phaëton
Manzanillo (Pepillo Salcedo)
Meillac
Copey
Río Chacuey
MONTECRI
Santa
La Pinta
Santa María
Jésus
Terrier Rouge
Maribaroux
Ferrier
Carbonera
Trou-du-Nord
Río Dajabón
Canongo
Colonia de Los Japoneses
Presa Chacuey
Riv. Marion
Rivière Fraîche
Grand Bassin
Ouanaminthe
DAJABÓN
Sabana Larga
Río Macabón
Río Chacuey
La Go
Perches
Acul Samedi
Colonie Agricole Dosmond
Acul des Pins
NORD-EST
Santiago de la Cruz
Partido
Vaca Gord
Monte Grande
Capotille
Manuel Buenc
Vallières
RÉP.
Loma de Cabrera
DAJABÓN
Mont Organisé
Río Capotillo
Río Dajabón
Mombin Crochu
Carice
Grande Savane
Vara de Vaca
El Carrizal
Bois Laurence
Trinitaria
La Victoire
R. Gurabo
Restauración
Paso del Corozo
Los Cerezos
Aqua Mite
D'HAÏTI
Sylvestre
Neita
Río Artibonito
Río Libon
Riv. Libon
Cruz de Cabrera
Cerca Carvajal
Colladère
Villa Anacaona
Rio Limpio
Bassin Zime
Lamielle
du Nord
Carretera Internacional
Parque N Nalga de
Cerca-la-Source
Hinche
Saltadère
Río Joca
Passe Cacac
Rivière Guayamouc
Thomassique
Pedro Santana
La Sierrecita
Bánica
Río Tocino
Boc Banique
Riv. Artibonite
Río Artibonito
Sabana Cruz
A° Barrero
Sabana Mula
Thomonde
Bois Joly
ELÍAS PIÑA
A° de La Mina
Higüerito

120

D
E
F
1
2
3
4
5
6
Cabo Isabela
Bahía de Luperón ó de Gracias
Ruinas de la Isabela
29
Punta del Castillo
Parque Histórico La Isabela
Playa Grande de Luperón
Playa los Cocos
Bahía de La Isabela
El Castillo
Puente en construcción
Luperón
(4)
Punta Rucía
Cacao
Puerto Juanita
Estero Hondo
Las Lagunas
La Sabana
anantial
Punta Rucía
Parque Nacional Estero Hondo
Villa Isabela
R. Bajabonico
Río Unijica
Marisol
Sabana Cruz
432
El Copey
30
Estero Hondo
El Higo
El Papayo
Alto del Papayo
A° La Jaiba
Las Cañas
403
Loma Solimán
822
Caonao
Río Caonao
Unijica
El Mamey
Gualete
Reserva Científica Villa Elisa
Cda de Bernardo
Villa Vásquez
Botoncillo
Villa Sinda
Los Hidalgos
Marmolejos
Guananico
Juan Gómez
1
14
Hato del Medio Arriba
A° Agua de Luis
Ranchete
17
La Caya
20
15
Villa Elisa
Río
Guayubín
La Guajaca
Jaibón
Hatillo Palma
24
Damajagua
Cerro Gordo
20
Laguna Salada
Maizal
11
49
Yaque
del
VALVERDE
Jicomé Arriba
Río Guayubín
Cana
Piloto
164
Martín García
Río Cana
16
Esperanza
Pontón
31
20
Hatigo
Norte
32
MAO
(78)
18
Navarr
Río Gurabo
10
18
12
Amina
Río Mao
Zamba
Río Amina
Estancia Vieja
Los Quemados
Guatapanal
SABANETA
18
21
Las Caobas
Cana
25
Entrada de Mao
La Cacique
Hato Viejo
Potrero
El Guanal
Mata del Jobo
23
13
18
Clavijo
16
Jaiqui Pica
Arroyo Blanco
Río Yaguajal
Celestina
11
Los Almácigos
523
Gurabo
Vidal Pichardo
Monción
Corrocito
Río Guanajuma
El Caimito
SANTIAGO RODRÍGUEZ
Jicomé
Río Maguá
El Rubio
El Corozo
30
Caobanico
San José de las Matas
(523)
19
Toma
815
Inoa
Los Ramones
Pedregal
951
SANTIAG
Río Mao
R. Cenoví
Loma Bajita
Diferencia
Las Piedras
Los Monotones Abajo
1840
14
Río Amina
Mata Grande
648
Las Placetas
2195
Parque Nacional
Donajá
Platicos
Monte Gallo
1840
2524
Aserradero
José Armando Bermudez
2728
2313
2801
Cda Los Gajitos
San Pedro
Loma La Rucilla
2027
3045
La Ciénaga
Monte Mijo
Pico Duarte
3098
Catanamatías
Río
Grillo
2378
Presa de Sabaneta

121

A
B
C
1
2
3
4
5
6
Santiago de Cuba
Costámbar
Punta Pastilla
Cambiaso
Punta Bajo Hondo
Puerto La Isla
Playa Maimón
Bahía de Maimón
La Sabana
Maimón
Maggiolo
Playa Cofresí
Punta Cafemba
Fortaleza San Felipe
Parque Nacional Litoral Norte de Puerto Plata
Marisol
PUERTO
PLATA
Museo del Ambar
PUERTO PLATA
Cabo Macoris
Playa Sosúa
Playa Dorada
Las Canas
R. Maimón
Imbert
Saballo
Pico Isabel de Torres
793
Parque Nacional Loma Isabel de Torres
Boca Nueva
Puerto Plata (La Unión)
Sosúa
Sabaneta de Cangrejos
Parque Nacional El Choco
Cuevas de Cabarete
Cabía
Quebrada Honda
El Cupey
Monte Llano
Río Camú
Loma Catalina
350
Los Arroyos
Altamira
Tubagua
Madre Vieja
Los Llanos
Río Grande
Río Yásica
Los Brazos
Jamao al Norte
Jicomé Arriba
La Lomota
Escalera
El Hoyazo
Yásica Abajo
A° Frío
Cañada Bonita
Pontón
Pedro García
Río Partido
Pico Diego de Ocampo
1249
El Ranchito
La Toca
Navarrete
Aguacate de Jacagua
Palmar Abajo
La Cumbre
Los Amaceyes
Palma Herrada
Río Blanco
Villa Gonzáles
Jacagua
San Francisco Arriba
Palo Quemado
Rancho de Los Plátanos
Río Jamao
San Francisco Quinigua
SANTIAGO DE LOS CABALLEROS
Puerto Grande
Hatillo San Lorenzo
Santiago
Tamboril
San Victór
José Contreras
Potrero
La Canela
Museo del Tabaco
El Monumento
Pontezuela al Medio
Guamarones
Hato del Yaque
El Aguacate Arriba
Jaiqui Picado
La Paloma
Licey al Medio
Juan López Abajo
Cuesta Abajo
Río Sul
Matanzas
MOCA
(257)
Dicayagua Abajo
Palo Amarillo
Sabana de Higüerito
Río Licey
Eugenio Perdomo
Las Carcas
Puñal
Cayetano Germosén
Los Ranchos
El Mirador
San José de las Matas
(523)
Guama
Jánico
López
La Penda
Sabana Iglesia
Pedregal
Baitoa
Cutupú
Las Canas
Río Verde
SANTIAGO
Presa de Bao y de Tavera Yagua
Burende
La Vega Vieja
Santo Cerro
Río Bao
Tavera Abajo
Parque Histórico La Vega Vieja
465
Iglesia Las Mercedes
Licey
Barranca
Jamo
Río Jagua
LA VEGA
La Guama
Bayacanes
Río Camú
Las Placetas
Juncalito Abajo
Río Guamajuma
Río Yami
Sabaneta
823
Donajá
Franco Bidó
Pontón
Hatillo
El Pino
Buena Vista
Jarabacoa
(675)
Pedregal
Corocito
Río Yaque del Norte
Pinar Quemado
Salto de Jimenoa
Salto de Baiguate
Sabana del Puerto
Presa de Rincón
La Ciénega
Manabao
Los Corozos
Loma Altar
1556
Reserva Científica Ebano Verde
Jima
Pringamosa
LA VEGA
Río Jimenoa
2378
Jayaco
La Ceiba
2000
200

122

D
E
F
1
2
3
4
5
6
10 km
OCÉANO ATLÁNTICO
Cabarete
Playa Grande
Cabo Tutinfierno
Playa El Bretón
Parque Nacional Cabo Francés Viejo
Puerto Blanco
Cabo Francés Viejo
Abreú
Playa Caleton
Río San Juan
Mata Puerco
Catalines
Playa El Breton
Cabrera
Playa Diamante
Cabo La Roca
Gaspar Hernández
Bejuco Blanco
Laguna Grí-Grí
Playa Magante
Magante
Cueva de las Golondrinas
Loma Siseviera
452
Caño Azul de Los Cacaos
Jobo Arriba
La Piragua
Río San Juan
Los Cacaos
A° Blanco
A° Los Hoyo
La Jaguita
Santa María
Punta La Botella
La Entrada
San Rafael
Loma Puerca Gorda
800
Arroyo Sabana
Pueblo Nuevo
Arroyo Salado
Punta Laguna Grande
Río Bacui
Payita
Playa El Juncal
MARÍA
TRINIDAD
SÁNCHEZ
Canete
Los Jengibres
Río Boba
Las Gordas
Reserva Científica Quita Espuela
El Juncal
La Malena
El Caño
La Joya
Jaya
Loma Quita Espuela
943
Río Corcobas
A° Conuco
NAGUA
Matancita
Playa
Caya Clara
Porquero
SAN FRANCISCO DE MACORIS
Reserva Científica Loma Guaconejo
El Factor
Demajagual
Los Pajones
Río Nagua
El Papayo
Rincón Hondo
Güiza
La Pena
San Felipe
Madre Vieja
El Pozo
Mirabel
Pontón
Cruce de Rincón
DUARTE
Arriba
Juana Díaz
Colón
La Jina
Castillo
Las Guáranas
Pimentel
Las Taranas
Arenoso
El Caimito
Caobete
Hostos
Sab Grande
Yaiba
Villa Riva
Río Camú
San Miguel
Cuaba Abajo
Acicate
Agua Santa del Yuna
Río Yuna
Abajo
Angelina
La Bija
Platanal
Cerrejón
Ceiba de Los Pajaros
Lema Colorada
Fantino
La Mata
206
Río Yuna
Comedero Abajo
El Hato
COTUI
Batero
Rincón Claro
Majagual
Río Cuaya
Hernando Alonzo
Los Ranchos
Mina Pueblo Viejo
Sabana Grande Abajo
La Cueva
Río Payabo
Pavabo
Zapote
Batey Altagracia
SÁNCHEZ
Caballero Abajo
Presa de Hatillo
Río Maguaca
Cevicos
Río Piedra
Río Joba
Río Blanco
Río Canete
Colonia
Lacer

A
B
C
1
2
3
4
5
6
116
128
Hinche
Cerca-la-Source
Saltadère
Passe Cacac
Pedro Santana
Bánica
(287)
Sabana Cruz
La Sierrecita
Río Tocino
Sabana Mula
Parque Nacional Nalga de
Carretera Internacional
Río Joca
Thomassique
Boc Banique
Riv. Artibonite
Río Artibonito
Rivière Guayamouc
Thomonde
Bois Joly
N3
308
890
818
1516
ELÍAS PIÑA
Guaroa
A° Barrero
Higüerito
A° de La Mina
45
A° Salado
Macasía
Río Macasía
Los Rinconcitos
47
A° Comendador
Porto Blanco
Vall
Matayaya
Río Yabo
Paredon
Lac de Pèligre
Rosec
Elías Piña
El Guazumal
Belladere
COMENDADOR
El Llano
Las Carreras
Guayabo
Croix Fer
305
61
Lascahobas
1162
Montagnes Noirs
Las Lagunas
La Estan
A° El Quemado
Río Caña
Río Macasía
Baptiste
Poste de Flande
Marché Canard
1325
1736
Savanette
R. Vallejuelo
Río Sonador
Hondo Valle
Rancho de la Guardia
Juan Santiago
El Ce
La Ciénaga
Juan de La Cruz
Aniceto Martínez
Montagnes du Trou d'Eau
Morne Nan Puits
1520
Corail
Saint Pierre
Cornillon
1625
Parque Nacional
Sierra
2176
Monte Neiba
2279
A° Seco
Las
El Maniel
1070
Fonds Pite
Las Lajas
A° Penitente
R. La Descubierta
Los Pinos
Guayabal
Higo de la Crux
Etang Saumâtre
15
Tierra Nueva
La Descubierta
(16)
48
Boca de Cachón
Las Caritas
Postrer Río
Río Barrero
Los Ríos
Las Clavellinas
122
Jaragu
Isla Cabritos
P.N. Isla Cabritos
Fond Parisien
Malpasse
JIMANI
La Furnia
46
Lago Enriquillo
-42
Plain Toman
Cda del Macal
Río Viejo
El Limón
Laguna en Medio
Laguna Limón
La Florida
Las Baitoas
Vengan a Ver
Duvergé
98
Palma Dulce
1746
Nan Pal
102
Fonds Verrettes
Chaine de la Selle
2674
RÉP.
Gros Cheval
1894
Forêt des Pins
Río Los Pinos
El Naranjo
Puerto Escondido
A° Escondido
Massif de la Selle
El Aguacate
Savane Zombi
2367
Loma del Torro
INDEPENDENCI
D'HAÏTI
Pueblo Viejo
Parque Nacional Sierra de Baoruco
Sierra
Thiotte
Los Arroyos
Río Mulito
Colline des Chênes
Préchet
410
2085
Mencia
Aguas Negras

D
E
F
117
José Armando Bermúdez
Monte Gallo
1840
Platicos
2524
Aserradero
Donajá
1
10 km
2728
2313
2801
2027
Catanamatías
789
Cda Los Gajitos
San Pedro
La Ciénaga
Monte Mijo
2276
Loma La Rucilla
3045
Pico Duarte
3098
2378
Cordillera Central
Catanamatías
Sierra de Mato Grillo
Presa de Sabaneta
Río San Juan
Parque Nacional José del Carmen Ramírez
Sabaneta
Yabonico
Cerro Gordo
829
El Hatico
Hato Nuevo
Guazumal
2561
Loma de la Viuda
2
SAN JUAN
Juan de Herrera
El Montazo
Río Yaque del Sur
Sierra de San Juan
54
Hato del Padre
Río Loro
Corral de los Indios
Gajo de Monte
Corto
Charcas de María Nova
Jinova
Mogollón
120
A° San Martín
Hato Viejo
El Ático
Hoyo Seco
Barranca
Chalona
Palomino
SAN JUAN DE LA MAGUANA
(425)
El Coco
Bohechío
La Lagunas
Presa de Sabana Yegua
Río Las Cuevas
3
Ojo de Agua
Patio de
Cuenda
Loma de Jayaco
1472
1692
A° Agua Salada
R. San Juan
Sabana Alta
Guanito
Padre Las Casas
Jorgillo
Cardón
Río Los Baos
49
Los Corozos
A° Salado
Baos
Rancho Copey
Los Bancos
Derrumbadero
Vallejuelo
Sabana Grande
Hato Viejo
Capá
Villarpando
Bastidas
Cabeza de Toro
Sierra de Neiba
1842
Apolinar Perdomo
Río Panzo
El Oregano Grande
Arroyo Blanco
Magueyal
A° Viajama
Yayas de Viajama
4
Hato Nuevo
BAORUCO
Los Toros
Las Guanabanas
A° Guanarate
Río Majagual
Galván
Las Tejas
Guanarate
El Mamón
31
El Rodeo
Orégano Chiquito
NEIBA
El Salado
Tábara Abajo
Río Yaque del Sur
42
Quita Coraza
48
2
El Palmar
Fondo Negro
Río Blanco
R. Las Lajas
19
62
San Antonio
5
Tamayo
Vincente Noble
Parque Nacional Sierra Martín García
Riego del
C Barahona
Canal Charco Largo
Uvilla
Fondo Negro
Monte Busú
1343
A° Chupadero
Colonia Mixta
Sierra Martín García
Mella
Mena
El Jobo
Canoa
21
Batey 9
Loma del Aguacate
1284
Palma Buena
46
11
Lago La Sierra
A° Mordán
Parque Nacional Cabral o Rincón
Jaquimeyes
Alejandro
Barreras
Angostura
Cristóbal
El Peñón
Palo Alto
Playa Andina
Laguna del Rincón
44
Las Salinas
52
Fundación
La Hoya
Bahía de Neiba
Guanos
Cachón
Lemba
Los Saladillos
Tierra Blanca
Cabral
Punta Martín García
6
BARAHONA
2
(10)
La Guázara
129
Playa de Barahona
1670
Parque Nacional

118

A
B
C
1
2
3
4
5
6
Donajá
Franco Bido
Hatillo
28
Buena Vista
Ponton
El Pino
Jununucu
Rincón
12
Jarabacoa
(675)
Pedregal
Corocito
Río Yaque del Norte
Pinar
Quemado
Salto de Jimenoa
Salto de Baiguate
La Ciénega
Manabao
Los Corozos
Sabana del Puerto
Presa de Rincón
Loma Altar
1556
L A V E G A
63
Reserva Científica Ebano Verde
Jima
Pringamosa
A1
Jayaco
La Ceiba
43
2378
Loma Redonda
2295
2143
A° Grande
Río Yaquesillo
Río Jimenoa
El Río
Río Masipedro
La Cotorra
Maldonado
Tireo Abajo
BONAO
(173)
Constanza
(1212)
Palero
Río Tireo
Loma Arroyo Toro
1565
La Salvia
Juma
MONSEÑOR N
Bejucal
Río Blanco
Blanco
La Union
Salto de Agua Blanca
El Convento
Presa Alto Yuna
A° Juma
Monte Culo de Maco
2229
Río Grande
Valle Nuevo
Alto Bandera
2848
Río Nizao
Parque Nacional Valle Nuevo
La Siembra
Loma de la Chorreosa
2453
La Lagunas
Río Guayabal
El Guayabal
65
Río Yuna
Patio de Dios
1358
Padre Las Casas
Monte Bonito
Loma de la Lechuga
2672
50
Las Guamas
La Nevera
Rancho Arriba
Palma Cana
Las Avispas
Río Las Cuevas
201
Loma Piquito
1710
Sierra de Ocoa
Monte Tetero Mejía
2581
Valle de Río Ocoa
La Horma
Loma El Muñeco
1711
Las Lagunitas
La Nuez
1222
Viajama
A° Viajama
A Z U A
Río Jura
A° Hondo
41
La Matica
Nizao
Yayas de Viajama
Peralta
El Cecado
Río El Canal
Río Ocoa
Sabana Larga
Tabara Arriba
La Ciénaga
19
Los Toros
Sajanoa
32
El Carrizal
Rancho del Pino
El Pinar
San José de Ocoa
Los Guanabanas
Puerto
Majagual
Río Grande
Río Banilejo
El Memiso
Los Anones
517
Las Yayitas
PERAV
Orégano Chiquito
A° Copey
La Altagracia
AZUA de Compostela
(83)
Río Vía
Cañada Cimarrona
Los Ranchitos
1715
El Cruce del Quince
Sabana Yegua
Río Jura
Estebania
Las Charcas
28
Los Jovillos
Clavellina
51
R. Las Lajas
Río Tabara
Puerto Tortuguero
Los Ranchitos
Monte Río
Playa Monte Río
A° Hatillo
Presa de Sabana Buey
Pueblo Viejo
Hatillo
El Número
360
Honduras
El Rosario
Bahía de Ocoa
A° Chupadero
Playa Billeya
El Número
628
Las Carreras
Palmar de Buena Vista
Puerto Viejo de Azua
Carbonito
139
La Montería
Punta Vigía
A° Grande
Cayo Boca Chica
Cayo Puerto Viejo
Cayo Agua Dulce
Galeón
Barreras
Palmar de Ocoa
508
21
Playa Caobita
Villa Fundación
Punta Ocoa
Sabana Buey
Arroyo Hondo
510
Bahía de Las Calderas
Mata
Punta Salina
Las Salinas
Las Calderas
Playa Las Salinas
Punta Santanilla
Parque Nacional Dunas de Las Calderas

119

D
E
F
1
2
3
4
5
6
Pimentel
Las Taranas
Arenoso
El Caimito
Caobete
Hostos
Sab Grande
Yaiba
Río Camú
San Miguel
Cuaba Abajo
Acicate
Agua Santa del Yuna
Río Yuna
Angelina
La Bija
Platanal
Cerrejón
Lema Colorada
Ceiba de Los Pajaros
Fantino
La Mata
Comedero Abajo
206
Río Yuna
El Hato
COTUI
Batero
Rincón Claro
Majagual
Río Piedra
Río Cuaya
Hernando Alonzo
Los Ranchos
Mina Pueblo Viejo
Sabana Grande Abajo
La Cueva
Zapote
Payabo
Río Payabo
SÁNCHEZ RAMÍREZ
Caballero Abajo
Río Maguaca
Cevicos
Batey Altagracia
Presa de Hatillo
La Trinchera
592
Hatillo
Zambrana Abajo
Río Cevicos
Abadesa
Sabana
Chacuey Maldonado
Hato Viejo
Maimón
Las Lagunas
Río Chacuey
Cabeza de Toro
Río La Savita
Loma Culo del Diabolo
496
Sabana de Payabo
Loma la Guardarraya
592
Loma Media Cara
526
La Guàzuma
Frias
El Dean
Piedra Blanca
Río Ozama
La Cuaba
Don Juan
Guazumita
MONTE
La Jagua
Cacique
Hato Arriba
La Jina
Esperalvillo
Pino Herrado
Río Yamasá
El Rincón
La Guia
Río Verde
San Antonio
Yamasá
(82)
Los Jovillos
Las Matas
Río Guanuma
Los Botados
Guanuma
Río Haina
Básima
Río Higuero
Hato Viejo
San Mateo
Río La Savita
Parque Nacional Montaña La Humeadora
Villa Altagracía
Chirin
250
Río Yuca
La Jina
Madrigal
Río Maná
Higuero
La Bomba
Río Isa
El Cidral
San Felipe
El Caobal
Río Isabela
El Cajuilito
Haras Nacionales
La Victoria
Presa de Madrigal
Calderón
Hatillo
SAN CRISTÓBAL
DISTRITO NACIONAL
Los Cacaos
Villa Mella
La Isabela
Medina
Río Haina
Río Ozama
Cancino
San Francisco
Los Alcarrizos
Jardín Botánico
Parque Zoológico
El Guineo
Mendoza
La Cabirma
Hato Damas
Manoguayabo
Faro a Colón
Mano Matuey
La Colonia
El Tablazo
Los Tres Ojos
Palabe
Cambita Pueblecito
P.N. Cuevas de Borbón o de El Pomier
La Pared
Santo Domingo (Herrera)
Plaza de la Cultura
Zona Colonial
Acuario Nacional
Valvacoa
1775
Cambita Garabitos
Casa de Caoba
La Toma
SANTO DOMINGO
P.N. Litoral Sur de Santo Domingo
Humachón
Presa de Valdesia
Hatillo
Bajos de Haína
Najayo Arriba
SAN CRISTÓBAL
(33)
Iguana
Valdesia
Nigua
Las Gallardas
San Gregorio de Nigua
Boca de Nigua
Río Baní
Las Barías
Cueva Santa María
El Conde
Yaguate
Fundación de Peravia
Cribití
Limonal
Playa Najayo
Pizarrete
R. Nizao
Najayo Abajo
BANÍ
Carretón
Bahía de Najayo
(61)
Lucas Díaz
Najayo
Raya
Santana
Sabana Grande de Palenque
Boca Canasta
Nizao
Juan Barón
Playa Palenque
Punta Palenque
Playa de Baní
Punta Catalina
Playa Nizao
Diómedes Imperial
Colón (Panamá)
La Guaira (Venezuela)
10 km

NAGUA
Playa Poza de Bojolo
Playa Matancita
Matancita
Bahía Escocesa
Caya Clara
Reserva Científica Loma Guaconejo
El Factor
Los Pajones
Colorado
Los Yayales
El Papayo
Madre Vieja
El Pozo
Cruce de Rincón
La Majagua
Castillo
Pimentel
Las Taranas
Arenoso
Gran Estero
Delta del Río Yuna
Villa Riva
Los Coles
Agua Santa del Yuna
Trujillo del Yuna
Río Yuna
Río Barracote
Cerrejón
Ceiba de Los Pajaros
Lema Colorada
COTUI
La Cueva
Batero
Rincón Claro
Majagual
Parque Los
Payabo
Zapote
Batey Altagracia
Juan Sánchez
Las Taranas
RAMÍREZ
Cevicos
Abadesa
Sabana Grande de Boyá
Cabeza de Toro
Gonzalo
Carmona
Buena Vista
Hildalgo
Loma Culo del Diabolo
Sabana de Payabo
Loma Media Cara
La Guàzuma
Frias
El Dean
Centro de Boyá
Anton Sánchez
Don Juan
Guazumita
MONTE PLATA
La Jagua
Cacique
Esperalvillo
La Cuba
La Jina
Hato Arriba
La Guia
El Rincón
Río Verde
San Antonio
Yamasá
Los Jovillos
Río Boyá
Bayaguana
Los Botados
Guanuma
San Francisco
Hato Viejo
San Mateo
Chirino
Carabela
La Jina
Higuero
La Bomba
San Felipe
El Cajuilto
Haras Nacionales
La Victoria
El Caobal
Hatillo
DISTRITO NACIONAL
Villa Mella
Central Ozama
Guerra
El Viso
La Isabela
San Isidoro
Bani
Cancino
El Toro
Los Alcarrizos
Jardín Botánico
Parque Zoológico
Mendoza
Manoguayabo
Faro a Colón
Los Tres Ojos
P.N. Cuevas de Borbón o de El Pomier
Plaza de la Cultura
Zona Colonial
Acuario Nacional
Santo Domingo (Herrera)
Museo La Caleta
La Caleta
Andrés
La Toma
P.N. Litoral Sur de Santo Domingo
SANTO DOMINGO
Parque Nacional La Caleta
Santo Domingo (Las Americas)
Bajos de Haína
SAN CRISTÓBAL
Nigua
Cabo Caucedo

D
E
F
10 km
1
2
3
4
5
6
Playa Rincón
Cabo Cabrón
Punta Mala
Monte La Meseta
606
Bahía del Rincón
Punta El Cabito
Cabo Samaná
Playa Las Galeras
Las Galeras
Punta Vaca
Playa Cozón
Playa El Portillo
Punta El Estillero
El Portillo
Cayo Limón
Cayo Canas
Playa Moron
Puerto del Valle
Barbacos
El Limón
El Valle
Monte Pan de Azúcar
493
Saltos de Limón
SAMANÁ
546
Península de Samaná
Monte Diablo
349
Playa Playuela
Puerto Francès Viejo
Juana Vicenta
Salto Río Los Cocos
SANTA BÁRBARA DE SAMANÁ
Las Garitas
Los Róbalos
Majagual
Las Pascualas
Arroyo Barril
Honduras
Los Cacaos
El Francès
Punta Balandra
Punta Mangle
Punta de Los Corozos
Cayo La Farola
Cayo Levantado
Cayo Arenas
Bahía de Samaná
Parque Nacional Banco de la Plata
Punta El Negro
Bahía de San Lorenzo
Cuevas de Caño Hondo (Cueva de la Línea)
Punta Yabón
Sabana de la Mar
Conde de Tolosa
Nuestra Señ Guadalupe
Punta Capitán
Punta El Morro
Capitán
El Caño
Las Cañitas
Punta Mangles
Punta Ratón
Bahía de La Jina
Punta Jayán
Playa Miches
Magüá
La Loma
El Morro
Miches
El Centro
HATO
Río Yanigua
El Valle
Arenitas
Río Catalina
Río Magüá
Río Jayán
Cordillera
Loma La Deseada
469
45
San Rafael
La Loma
603
44
Pedro Sánchez
Río Guaquía
Vicentillo
Río Seibo
Trinidad
Sabana de Barriolo
MAYOR
Río Almirante
Manchado
Río Magarín
Río Ciabo
EL SEÍBO
Sierra
Pulgarín
Río Yabacao
Yerbabuena
Magarín
Candelaria
Yuvina
El Puerto
HATO MAYOR
221
San Geronimo
Dos Rios
Cibahuete
La Higüera
Río Azuí
Las Pajas
Los Algarrobos
Río Anamá
El Higo
Juana Lorenzo
Guayabo Dulce
Mata de Palma
Río Brujuelas
Río Tosa
Río Casuí
Río Iguamo
Covadonga
Batey Guayacanes
Los Jibaros
Sabanas del Soco
Los Llanos
Campiña
Ulloa
Platanitos
129
Llano de Seíbo
Río Caganche
Batey Lechuga
Los Montones
Consuelo
Regajo
Ingenio Quisqueya
Río Magua
Río Soco
Diego
Los Lerenes
Ramón Santana
A° Lima
La Yeguada
Ing. Anquelina
La Balsa
La Mula
Los Montes
Magarín
SAN PEDRO DE MACORÍS
P.N. Cuevas de Las Maravillas
Higueral
Ing. Cristobál Colón
Tintero
Honduras
Ingenio Porvenir
Boca del Soco
Jagual
Chica
Boca Chica
Soco
Río Cumayasa
La Punta
San Pedro Apostol
Juan Dolio
Playa Caribe
Guayacanes
Playa de Juan Dolio
Playa Villas del Mar
Playa Boca del Soco
Punta Mortero
Los Arados
LA ROMANA
SAN PEDRO MACORÍS
Playa Guayacanes
Punta Magdalena
Playas del Este
Cumayasa
Playa Cumayasa
Punta Blandin
126

A
B
C
125
Conde de Tolosa
Nuestra Señora de Guadalupe
Scipion
la Mar
Punta Capitán
Punta El Morro
Capitán
Las Cañitas
Punta Ratón
Bahía de La Jina
Punta Mangles
Punta Icaco
Punta Jayán
Playa Miches
Punta Gorda
Laguna Redonda
Parque Nacional Laguna Redonda y Limón
Puerto Limón
Punta Limón
Laguna del Limón
Punta del N
Maguá
Río Catalina
Río Maguá
La Loma
Río Jayán
El Morro
Miches
Altamira
El Jovero
El Cedro
Las Lisas
Laguna Ni
104
107
Río Jovero
Río Cuarón
R. Nisibón
Río Maimón
701
736
Las Lagu
603
44
Pedro Sánchez
La Loma
Vicentillo
Río Gualiquía
Río Magarín
Río Seibo
Río Ciabo
Río Soco
Río Chavón
Cordillera Oriental
Sierra del Seíbo
EL SEÍBO
Manchado
Magarín
Candelaria
El Llano
103
24
221
4
HATO MAYOR
EL SEÍBO
117
12
Rincón
El Cuey
Río Duyey
Cibahuete
La Higüera
Río Azuí
Río Anamá
El Pintado
Hato de Mana
Los Algarrobos
El Higo
El Salado
Bejucal
El Ce
Mata de Palma
Covadonga
Batey Guayacanes
101
15
31
La Enea
El Guanito
Sabanas del Soco
Campiña
Cumayasa
13
Sabana
22
Nuestra Señora de la A
33
129
Platanitos
Llano de Seíbo
Río
Guaymate
Chavón Arriba
Río Sanate
Mata Chalu
Consuelo
Los Lerenes
Río Soco
33
Regajo
Batey Lechuga
Diego
A° Lima
Ramón Santana
Guerrero
Aletón
El Naranjo
Batey Higo Claro
Jobo Du
Anquelina
La Balsa
102
Magarín
LA ROMANA
Batey Estante
MACORÍS
P.N. Cuevas de Las Maravillas
Higueral
16
Río Dulce
Río Chavón
Batey Cacata
Ingenio Porvenir
Boca del Soco
Soco
Jagual
Río Cumayasa
Gato
Fábrica de azúcar
3
37
26
La Romana
El Caletón
Altos de Chavón
San Pedro Apostol
Playa Boca del Soco
Punta Mortero
Los Arados
LA ROMANA
La Caleta
Casa de Campo
Boca de Chavón
SAN PEDRO DE MACORÍS
Cumayasa
Playa Cumayasa
Punta Blandino
Playa Las Minitas
Punta Minas
Playa Bayahibe
Bayahibe
Bahía de La Altagracia
Punta Pérez
Isla Catalina
Serena Cay
Punta Berroa
Playa Dominicus
Costa Caribe
Parque Nacional Isla Catalina
Guara
Paso de Ca
Punta Catuáno
Punta Gorda
Punta Delfín
Laguna Los Flamen
Punta Lag
St. Thomas (Virgin Islands)
Mar Caribe
1
2
3
4
5
6

D
E
F
1
2
3
4
5
6
OCÉANO ATLÁNTICO
Costa de Coco
Canal de La Mona
Playa del Muerto
Punta Playa del Muerto
Cañada Honda
Vacama
Nisibón
P.N. Bahía de Maimón
Punta Puerto Escondido
Boca de Maimón
Punta Sabaneta
La Guama
Uvero Alto
Playa del Macao
Punta Macao
Cabo Cabezota de Barlovento
El Macao
Yonú
Río Duyey
Río Anamuya
El Salado
Bahía de Los Ranchitos
Arena Gorda
El Cortesito
Playa El Cortesito
Bávaro
Playa Bávaro
Parque Nacional Laguna Bávaro
Punta de Los Nidos
Charca de Bávaro
Cabeza de Toro
Cabo Engaño
Laguna El Caletón
Bonao
Cañada Honda
La Cruz del Isleño
Los Ríos
Cruce de los Isleños
El Peñón
Cerro Gordo
La Otra Banda
HIGÜEY
(204)
Campo Nuevo
56
Cruce de Verón
Punta Cana
Borrachón
Punta Cana
Playa Punta Cana
Platanal
Pantanal
Laguna de Mala Punta
Laguna de Mala Punta
LA ALTAGRACÍA
Magdalena
La Matilla
El Limón
La Piñita
León
Río Yuma
Batey Maraguá
Juanillo
Punta Juanillo
Playa Juanillo
Punta Espada
Cayuba
San Rafael del Yuma
Cabo Cana
La Playita
Boca de Yuma
Playa Guánabana
Bahía de Yuma
Cueva de Bernard
Cabo Falso
Cabo San Rafael
Punta Cuevita
Martel
Parque Nacional del Este
Granchorra
Punta Algibe
Bahía Catalinita
Punta Puntón
Punta Roca
Isla Saona
Laguna Canto de Laya
Punta Este
Punta Cana
Cayo Caballo Blanco
10 km
200

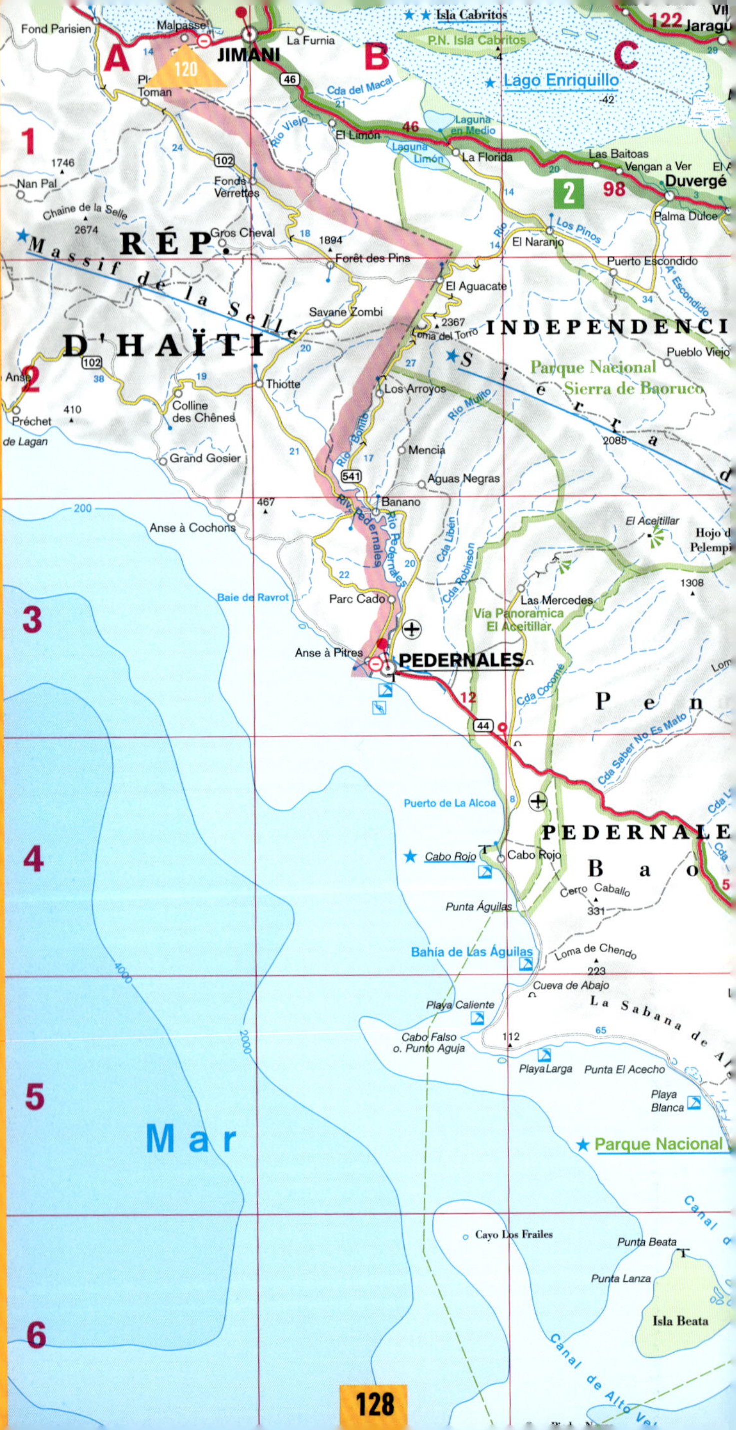

Fond Parisien
Malpasse
JIMANI
La Furnia
Isla Cabritos
P.N. Isla Cabritos
Lago Enriquillo
120
122
Jaragu
A
B
C
1
2
3
4
5
6
Toman
Cda del Macal
El Limón
46
Laguna en Medio
Laguna Limón
La Florida
Las Baitoas
Vengan a Ver
Duvergé
98
Palma Dulce
Nan Pal
1746
102
Fonds Verrettes
Chaine de la Selle
2674
RÉP.
D'HAÏTI
Massif de la Selle
Gros Cheval
1894
Forêt des Pins
El Naranjo
Los Pinos
Puerto Escondido
El Aguacate
Savane Zombi
2367
Loma del Torro
INDEPENDENCI
Pueblo Viejo
Parque Nacional
Sierra de Baoruco
Sierra
Anse
Préchet
410
de Lagan
Colline des Chênes
Thiotte
Los Arroyos
Río Mulito
Río Bonito
Mencia
Aguas Negras
2085
Grand Gosier
541
Banano
467
Anse à Cochons
Río Pedernales
Cda Liben
Cda Robinson
El Aceitillar
Hojo d
Pelempi
1308
Las Mercedes
Vía Panoramica El Aceitillar
Baie de Ravrot
Parc Cado
Anse à Pitres
PEDERNALES
Cda Cocome
Pen
44
Cda Saber No Es Mato
Puerto de La Alcoa
PEDERNALE
Cabo Rojo
Bao
Cerro Caballo
331
Punta Águilas
Bahía de Las Águilas
Loma de Chendo
223
Cueva de Abajo
La Sabana de A
Playa Caliente
Cabo Falso o. Punto Aguja
112
65
Playa Larga
Punta El Acecho
Playa Blanca
Mar
Parque Nacional
Canal d
Cayo Los Frailes
Punta Beata
Punta Lanza
Isla Beata
Canal de Alto Ve
200
2000
4000

NEIBA
Barahona
Tamayo
Vincente Noble
El Jobo
Cabral
Cachón
La Hoya
Paraíso
Enriquillo
Oviedo
Parque Nacional Sierra Martín García
Sierra Martín García
Parque Nacional Cabral o Rincón
Laguna del Rincón
Parque Nacional Baoruco Oriental
Bahía de Neiba
Playa Andina
Playa de Barahona
Punta Prieta
Juan Esteban
Playa Saladilla
Playa San Rafael
Baoruco
Playa de Baoruco
La Ciénaga
Punta Arena
Las Cuevas de los Patos
Ojeda
Los Patos
Playa Los Patos
Caletón
Los Cocos
Juancho
Puerto Bello
Cayo Pisaje
Punta San Luis
Ensenada del Refugio
El Cajuil
Laguna de Oviedo
Cabo San Luis
Playa de Mosquea
Punta Iglesia
Cabo Mongó
Cabo Beata
Caribe
Baoruco
10 km

KARTENLEGENDE

le Mans-Est 4	Autobahn mit Anschlussstelle Motorway with junction
Datum, Date	Autobahn in Bau Motorway under construction
Datum, Date	Autobahn in Planung Motorway projected
	Autobahnähnliche Schnellstraße mit Anschlussstelle Dual carriage-way with motorway characteristics with junction
	Straße mit zwei getrennten Fahrbahnen Dual carriage-way
	Durchgangsstraße Thoroughfare
	Wichtige Hauptstraße Important main road
	Hauptstraße Main road
	Sonstige Straße Other road
	Fahrweg Carriage-way
	Karrenweg, Fußweg Track, footpath
	Fernverkehrsbahn Main line railway
	Bergbahn Mountain railway
	Autotransport per Bahn Transport of cars by railway
	Autofähre Car ferry
	Schifffahrtslinie Shipping route
	Landschaftlich besonders schöne Strecke Route with beautiful scenery
Routes des Crêtes	Touristenstraße Tourist route
	Straße gegen Gebühr befahrbar Toll road
	Straße für Kraftfahrzeuge gesperrt Road closed to motor traffic
	Zeitlich geregelter Verkehr Temporal regulated traffic
15%	Bedeutende Steigungen Important gradients

	Kultur **Culture**
★★ PARIS ★★ *la Alhambra*	Eine Reise wert Worth a journey
★ TRENTO ★ *Comburg*	Lohnt einen Umweg Worth a detour
	Landschaft **Landscape**
★★ Rodos ★★ *Fingal's cave*	Eine Reise wert Worth a journey
★ Korab ★ *Jaskinia raj*	Lohnt einen Umweg Worth a detour
	Besonders schöner Ausblick Important panoramic view
	Ausflüge & Touren **Excursions & tours**
	Nationalpark, Naturpark National park, nature park
	Sperrgebiet Prohibited area
4807	Bergspitze mit Höhenangabe in Metern Mountain summit with height in metres
(630)	Ortshöhe Elevation
	Kirche Church
	Kirchenruine Church ruin
	Kloster Monastery
	Klosterruine Monastery ruin
	Schloss, Burg Palace, castle
	Schloss-, Burgruine Palace ruin, castle ruin
	Denkmal Monument
	Wasserfall Waterfall
	Höhle Cave
	Ruinenstätte Ruins
	Sonstiges Objekt Other object
	Jugendherberge Youth hostel
	Badestrand · Surfen Bathing beach · Surfing
	Tauchen · Fischen Diving · Fishing
	Verkehrsflughafen Airport
	Regionalflughafen · Flugplatz Regional airport · Airfield

REGISTER

Im Register finden Sie alle in diesem Reiseführer erwähnten Orte, Ausflugsziele und Strände (P. N. = Parque Nacional). Halbfette Seitenzahlen verweisen auf den Haupteintrag, kursive auf ein Foto.

Abreú 91
Aguas-Blancas (Wasserfall) 73
Altos de Chavón 23, 29, **43**
Andrés 38
Animal Adventure Park 100
Anse-à-Pitres 35
Azua 49
Bahía de Andrés 38
Bahía de Maimón 77, 84
Baiguate (Wasserfall) 73
Baní 56f.
Baoruco (Halbinsel) 30, **32ff.**, 49
Barahona 23, 31, **32ff.**, 90
Batey Consuelo 42
Bávaro *6/7*, 9, 58, **60ff.**, 96
Bayahibe 31, **35ff.**
Boca Chica 23, 31, **38f.**, 85, 96, 97
Boca de Nigua, Ingenio 57
Boca de Yuma 36, **37**
Cabarete 15, 77, **78ff.**, 88, 91ff., 94, 95, 96, 97
Cabeza de Toro 60, 62, 96, 100
Cabo Francés Viejo (P. N.) 19, **91**
Cabrón 96
Cachón 90
Casa-Fuerte Ponce de León 36, **37**
Catuán (Kanal) 37, 96
Cayo Arena 82
Cayo Levantado 59, 68, 69
Cayo Montechico 82
Cayo Paraíso 82
Choco (P. N. El) 78
Cibaotal 10f., 20, 70f., *75*, **88ff.**
Cofresí **83ff.**, 101
Constanza 70, **73**
Cordillera Central 10, *16/17*, *88/89*, 94, 96, *107*
Costa de Coco 8, 9, 58f., **60ff.**, *94/95*, 96, 97
Costa Dorada 83, 84
Costámbar 83
Costa Sur 31, **32ff.**
Cueva de Bernard 37
Cueva de Las Maravillas (P. N.) 41f.
Cueva del Puente 37
Cueva José María 37
Cuevas de Borbón (P. N.) 57
del Este (P. N.) 19, 31, 35, 36, **37**, 96
Diego de Caballero, Ingenio 57
Dolphin Island 62
El Choco (P. N.) 78
El Cortecito 60, **62**
El Portillo 67
Enriquillosee 10, 21, **34**, 90
Este (P. N. del) 19, 31, 35, 36, **37**, 96
Estero Hondo (P. N.) 82
Fun City Action Park 101
Gaspar Hernández 91
Haiti 10, 18, 28, 35, 90
Higüey 22, **63**
Hoyo de Pelempito 21, **34**
Ingenio Boca de Nigua 57
Ingenio Diego de Caballero 57
Isla Cabritos (P. N.) 19, **34**, 42, 90
Isla Catalina (P. N.) 36, **44**, 96
Isla Catalinita 36
Isla Saona 35, 36, **37**, 96
Isla Tuna 82
Jarabacoa 13, 70, **71ff.**, 74, 88, 90, 95, 96
Jaragua (P. N.) 19, **35**
Jimani 90
Jimenoa (Wasserfall) *70/71*, 73, **101**
Juan Dolio 31, **39ff.**, 42
Juan Esteban 33
La Cumbre 89
La Descubierta 34, 90
Lago Enriquillo 10, 21, **34**, 90
Laguna de Oviedo 35
Laguna Gri-Gri 77, 91
Laguna Redonda y Limón (P. N.) 59, **63f.**
Laguna Rincón 90
La Isabela 76, **80f.**
La Pirámide 96
La Romana 31, **42ff.**, 96, 97
Las Caritas **34**, 90
Las Galeras 9, 59, 62, **64ff.**, 91
Las Salinas 56f.
Las Terrenas 9, *58/59*, 59, **66ff.**, 91, 94, 95, 96, 97
La Vega 22f., 70
La Vega Vieja 70, **73**, 88, 89f.
Limón (Laguna) 63f.
Limón (Wasserfall) *11*, 68
Loma Quita Espuela 75
Los Haïtises (P. N.) 19, 59, **64**, 68
Luperón 76, **80f.**
Macao 60
Marine Park & Aquarium 62
Miches 63f.
Moca 89
Montecristi (Ort) 22f., **81f.**
Montecristi (P. N.) 82
Nationalpark ... s. unter dem Namen des Parks
Nigua 57
Ocean World Adventure Park 84, 97, **101**
Parque Nacional ... s. unter dem Namen des Parks
Paso de Catuán 37, 96
Pedernales 31, **35**
Pico Duarte 11, **70**, 71, 72, 74, 94, 95
Pico Isabel de Torres **83**, 101
Playa Bonita 66, 67
Playa Cofresí 83, 84, 101
Playa Cozón 9, 66, 67
Playa Dorada **83ff.**, 96
Playa El Cortecito 60
Playa Frontón 65
Playa Grande (Luperón) 80, 81
Playa Grande (Río San Juan) 91
Playa Guayacanes 39ff.
Playa Las Águilas 35
Playa Madama 65
Playa Rincón 64
Playa Villas del Mar 39
Puerto Plata 17, 29, 74, 76f., 80, **82ff.**, 96, 97, 101, 103
Punta Cana *6/7*, 9, 14, 58, **60ff.**, *94/95*, 96, 105, 106
Punta Rucia 82
Rancho Arriba 95
Reserva Científica Valle Nuevo 21, 73
Río San Juan 77, 91, 96
Sabana de la Mar 64, 68
Salto Baiguate 73

IMPRESSUM

Salto de Jimenoa *70/71*, 73, **101**
Salto El Limón *11*, 68
Samaná (Halbinsel) 9, 11, 27, 59, **64ff.**, 91, 96, 106
Samaná (Ort) 59, 65, **68f.**, 91, 96
Samanábucht 59, 63, **68**
San Cristóbal 57
San Francisco de Macorís 75
San Juan de la Maguana **35**, 49
San Pedro de Macorís 26, 31, **42**
Santa Bárbara de Samaná 59, 65, **68f.**, 91, 96
Santiago (de los Caballeros) 22, 71, **74f.**, 89, 108
Santo Cerro 23, **73**, 90
Santo Domingo 8, 12, 16, 20, 21, 22, 23, 29, 30, 42, **44ff.**, 97, 99f., 102, 103, 106, 108, 109
Sierra de Baoruco (P. N.) 19, 28, 32, 34, 90
Sosúa *76/77*, 77, 80, **85ff.**, 96, 106
Submarino La Caleta (P. N.) 39, 96
Uvero Alto 60
Valle del Cibao 10f., 20, 70f., *75*, **88ff.**
Valle Nuevo 21, 73
Vega Vieja, La 70, **73**, 88, 89f.
Veragua Abajo 92
Weg zu den Wolken 75
Zentralkordillere 10, *16/17*, *88/89*, 94, 96, *107*

> SCHREIBEN SIE UNS!

Liebe Leserin, lieber Leser,

wir setzen alles daran, Ihnen möglichst aktuelle Informationen mit auf die Reise zu geben. Dennoch schleichen sich manchmal Fehler ein – trotz gründlicher Recherche unserer Autoren/innen. Sie haben sicherlich Verständnis, dass der Verlag dafür keine Haftung übernehmen kann.

Wir freuen uns aber, wenn Sie uns schreiben.

Senden Sie Ihre Post an die MARCO POLO Redaktion, MAIRDUMONT, Postfach 31 51, 73751 Ostfildern, info@marcopolo.de

IMPRESSUM

Titelbild: Karibikstrand mit Palmen (Bilderberg: Fischer)
Fotos: Bilderberg: Fischer (1); P. Cruz (12 o.); Fotolia: Vood (92 u. l.); G. Froese (28/29, 40/41, 52/53, 66, 135); O. Gemeinhardt (15 o.); R. Hackenberg (U. r., 16/17, 20, 107); HB Verlag: Huber (3 l., 23, 36, 50, 56, 75, 88/89, 97, 98/99, 100, 105); Huber: Gräfenhain (87); Kolley (76/77); Kanesh Beach Hotel "Las Cayenas" (13 u.); G. Jung (2 l., 6/7, 27, 43, 94/95); Laif: Bialobrzeski (5, 30/31, 48), Huber (3 M., 3 r., 4 l., 11, 21, 22, 26, 34, 37, 39, 55, 64, 65, 72, 82, 101), Sasse (24/25), Tophoven (U. M., 91); Latin Dance School A Bailar: Medina (92 o. l.); Look: Frei (U. l., 4 r., 18, 22/23, 32), Heeb (78), Wothe (2 r.); Okapia: Meyers (69); Punta Cana Resort & Club (14 u.); D. Renckhoff (8/9, 28, 29, 45, 46, 57, 58/59, 60/61, 70/71, 84/85, 114/115); Schapowalow: Atlantide (81); P. Spierenburg (47, 63); ¡Stockphoto: Adrian (14 o.), Cattel (12 M.), Gingerich (91 o. l.), jacus (15 u.), Ghrayeb (92 r. M.); McDonnell (91 r. M.), Medley (91 r. u.), ShyMan (91 l. M., 92 l. M.), Velasco (12 u.); Sun Village Resort & Spa Cofresí (13 o.)

12., aktualisierte Auflage 2008

Verlegerin: Stephanie Mair-Huydts; Chefredaktion: Michaela Lienemann, Marion Zorn
Autorin: Gesine Froese; Redaktion: Nikolai Michaelis
Programmbetreuung: Leonie Dlugosch, Nadia Al Kureischi
Bildredaktion: Gabriele Forst, Anastasia Duscha; Szene/24h: wunder media, München
Kartografie Reiseatlas: © Berndtson & Berndtson GmbH, Fürsten Feldbruck
Innengestaltung: Zum goldenen Hirschen, Hamburg; Titel/S. 1–3: Factor Product, München
Sprachführer: in Zusammenarbeit mit Ernst Klett Sprachen GmbH, Stuttgart, Redaktion PONS Wörterbücher

Printed in Germany. Gedruckt auf 100% chlorfrei gebleichtem Papier

FÜR IHRE NÄCHSTE REISE

gibt es folgende MARCO POLO Titel:

DEUTSCHLAND
Allgäu
Amrum/Föhr
Bayerischer Wald
Berlin
Bodensee
Chiemgau/Berchtesgadener Land
Dresden/Sächsische Schweiz
Düsseldorf
Eifel
Erzgebirge/Vogtland
Franken
Frankfurt
Hamburg
Harz
Heidelberg
Köln
Lausitz/Spreewald/Zittauer Gebirge
Leipzig
Lüneburger Heide/Wendland
Mark Brandenburg
Mecklenburgische Seenplatte
Mosel
München
Nordseeküste Schleswig-Holstein
Oberbayern
Ostfriesische Inseln
Ostfriesland/Nordseeküste/Niedersachsen/Helgoland
Ostseeküste Mecklenburg-Vorpommern
Ostseeküste Schleswig-Holstein
Pfalz
Potsdam
Rheingau/Wiesbaden
Rügen/Hiddensee/Stralsund
Ruhrgebiet
Schwäbische Alb
Schwarzwald
Stuttgart
Sylt
Thüringen
Usedom
Weimar

ÖSTERREICH | SCHWEIZ
Berner Oberland/Bern
Kärnten
Österreich
Salzburger Land
Schweiz
Tessin
Tirol
Wien
Zürich

FRANKREICH
Bretagne
Burgund
Côte d'Azur/Monaco
Elsass
Frankreich
Französische Atlantikküste
Korsika
Languedoc Roussillon
Loire-Tal
Normandie
Paris
Provence

ITALIEN | MALTA
Apulien
Capri
Dolomiten
Elba/Toskanischer Archipel
Emilia-Romagna
Florenz
Gardasee
Golf von Neapel
Ischia
Italien
Italienische Adria
Italien Nord
Italien Süd
Kalabrien
Ligurien/Cinque Terre
Mailand/Lombardei
Malta/Gozo
Oberital. Seen
Piemont/Turin
Rom
Sardinien
Sizilien/Liparische Inseln
Südtirol
Toskana
Umbrien
Venedig
Venetien/Friaul

SPANIEN | PORTUGAL
Algarve
Andalusien
Barcelona
Baskenland/Bilbao
Costa Blanca
Costa Brava
Costa del Sol/Granada
Fuerteventura
Gran Canaria
Ibiza/Formentera
Jakobsweg/Spanien
La Gomera/El Hierro
Lanzarote
La Palma
Lissabon
Madeira
Madrid
Mallorca
Menorca
Portugal
Spanien
Teneriffa

NORDEUROPA
Bornholm
Dänemark
Finnland
Island
Kopenhagen
Norwegen
Schweden
Südschweden/Stockholm

WESTEUROPA | BENELUX
Amsterdam
Brüssel
Dublin
England
Flandern
Irland
Kanalinseln
London
Luxemburg
Niederlande
Niederländische Küste
Schottland
Südengland

OSTEUROPA
Baltikum
Budapest
Estland
Kaliningrader Gebiet
Lettland
Litauen/Kurische Nehrung
Masurische Seen
Moskau
Plattensee
Polen
Polnische Ostseeküste/Danzig
Prag
Riesengebirge
Rumänien
Russland
Slowakei
St. Petersburg
Tschechien
Ungarn
Warschau

SÜDOSTEUROPA
Bulgarien
Bulgarische Schwarzmeerküste
Kroatische Küste/Dalmatien
Kroatische Küste/Istrien/Kvarner
Montenegro
Slowenien

GRIECHENLAND | TÜRKEI
Athen
Chalkidiki
Griechenland Festland
Griechische Inseln/Ägäis
Istanbul
Korfu
Kos
Kreta
Peloponnes
Rhodos
Samos
Santorin
Türkei
Türkische Südküste
Türkische Westküste
Zakinthos
Zypern

NORDAMERIKA
Alaska
Chicago und die Großen Seen
Florida
Hawaii
Kalifornien
Kanada
Kanada Ost
Kanada West
Las Vegas
Los Angeles
New York
San Francisco
USA
USA Neuengland/Long Island
USA Ost
USA Südstaaten/New Orleans
USA Südwest
USA West
Washington D.C.

MITTEL- UND SÜDAMERIKA
Argentinien
Brasilien
Chile
Costa Rica
Dominikanische Republik
Jamaika
Karibik/Große Antillen
Karibik/Kleine Antillen
Kuba
Mexiko
Peru/Bolivien
Venezuela
Yucatán

AFRIKA | VORDERER ORIENT
Ägypten
Djerba/Südtunesien
Dubai/Vereinigte Arabische Emirate
Israel
Jerusalem
Jordanien
Kapstadt/Wine Lands/Garden Route
Kenia
Marokko
Namibia
Qatar/Bahrain/Kuwait
Rotes Meer/Sinai
Südafrika
Tunesien

ASIEN
Bali/Lombok
Bangkok
China
Hongkong/Macau
Indien
Japan
Ko Samui/Ko Phangan
Malaysia
Nepal
Peking
Philippinen
Phuket
Rajasthan
Shanghai
Singapur
Sri Lanka
Thailand
Tokio
Vietnam

INDISCHER OZEAN | PAZIFIK
Australien
Malediven
Mauritius
Neuseeland
Seychellen
Südsee

> UNSERE INSIDERIN

MARCO POLO Autorin Gesine Froese im Interview

Gesine Froese ist als freie Autorin seit 1992 auf die Karibik und Lateinamerika spezialisiert und recherchiert regelmäßig vor Ort.

Was reizt Sie an der Dominikanischen Republik?

Die Lockerheit der Leute, diese tollen und so unterschiedlichen Landschaften, ihre unglaublichen Schätze – vom Larimar und dem Bernstein bis zu den Ruinen aus der Zeit von Kolumbus. Und die traumhaften Palmenstrände und bunten Häuschen – für mich ist die Dominikanische Republik der Inbegriff von Karibik.

Wie haben Sie Spanisch gelernt?

Den Grundkurs absolvierte ich 1991 beim Stern, als ich dort noch Redakteurin im Ressort Freizeit und Reise war. 1992, zum 500. Jahrestag der Entdeckung Amerikas, erfüllte ich mir einen Traum: im Ausland arbeiten ! Vier Jahre blieb ich „drüben" und bin für Reportagen und Reisebücher fast überall in der Karibik, in Mittel- und Südamerika unterwegs gewesen – da lernt man die Sprache schnell.

Kommen Sie viel in der Dominikanischen Republik herum?

Ja, mindestens alle zwei Jahre mehrere Wochen – und das seit 1993. Und jedes Mal gibt es Neues zu entdecken.

Was prädestiniert Sie als MARCO POLO Autorin?

Sicherlich mehr als pure Reiselust und Neugierde. Sonst würde ich wohl noch als Redakteurin bei der Zeit oder beim Stern sitzen – Länder erforschen ist meine Leidenschaft.

Womit beschäftigen Sie sich in Ihrer Freizeit?

In meiner Freizeit betreibe ich mit einem befreundeten Mediendesigner und Fotografen ein gut besuchtes Internetportal zur Karibik und zu Lateinamerika und kommuniziere stundenlang mit Kollegen und Experten in den Ländern – dank Internet!

Mögen Sie die dominikanische Küche?

Oh ja – z. B. *mangú,* dieses leckere Kochbananenpüree. Wo auch immer ich das bekommen kann, beginne ich meinen Tag damit – am besten noch mit zwei Spiegeleiern und Zwiebeln obendrauf – wie die Zuckerrohrschneider; ist ja manchmal kein Zuckerschlecken, die Recherche für so einen Reiseführer.

Was hat Sie bewogen, wieder in Deutschland zu leben?

Nach vier Jahren in Lateinamerika habe ich bemerkt, dass mir die deutsche Wirklichkeit (und Sprache) entglitt. Es hat nicht geschadet, wieder aus deutscher Sicht zu schreiben. Die Entfernung verzaubert vieles wieder – so wie es auch Urlauber sehen.

> BLOSS NICHT!

Was Sie wissen sollten oder besser nicht tun

Artenschutz missachten

Schmuck- und Dekorationsstücke aus schwarzer Koralle, Schildkrötenpanzer oder Krokodilleder sind Produkte aus geschützten Tieren und Pflanzen, mit denen nicht gehandelt werden darf. Das mangelhaft ausgeprägte Umweltbewusstsein in Ländern der Dritten Welt sollte nicht durch den Erwerb solcher Souvenirs unterstützt werden – abgesehen davon, dass ihre Einfuhr in Europa verboten ist.

Blind drauflosfahren

Wer ein Auto mietet, muss auf das Schlimmste gefasst sein. Nicht nur, dass Mopeds und Autos immer dann rechts und links überholen, wenn man selbst gerade dazu ansetzt, oder dass auch auf nagelneuen *autopistas* so tiefe Schlaglöcher wie auf den meisten Landstraßen lauern. Vor allem: Wenn der andere Rot hat, heißt das (speziell nachts!) nicht, dass er nicht trotzdem durchbraust. Ist ein Unfall passiert, sieht es schlecht aus: Unschuld lässt sich schwer beweisen, und wenn es zu Verletzten kam, darf man das Land erst einmal nicht verlassen.

Leichtsinn

Mit fortschreitender „Überfremdung" des Landes kommen vor allem in den Touristenzentren immer häufiger Überfälle vor. Sie können dem vorbeugen, indem Sie nicht in dunklen Vierteln herumspazieren und Wertsachen nicht offen herumliegen lassen. Auch Autos sollten auf gesicherten Parkplätzen abgestellt werden. Besonders gefährlich ist Sorglosigkeit beim Autofahren – siehe vorheriger Eintrag.

Sich Drogen unterjubeln lassen

Jeglicher Besitz von Drogen inklusive aller Cannabisarten wird mit Geldstrafen oder mit Gefängnis oder mit beidem bestraft. Wenn der Verdacht auf Handel besteht – und wie das Gegenteil beweisen? –, erhöht sich die Strafe auf bis zu 20 Jahre Haft! Entlassung auf Kaution wird bei Drogen nicht gewährt. Selbst die Botschaften sind da machtlos.

Schwarz Geld tauschen

Obwohl der Erlass, der einen Umtausch von Fremdwährung in Dominikanische Pesos nur in Handelsbanken erlaubt, bei kleinen Summen meist nicht so genau genommen wird: Seien Sie vorsichtig bei Angeboten auf der Straße, größere Summen zu tauschen; hier kann man in eine Falle geraten.

Auf Nepp hereinfallen

Jeden Preis zu akzeptieren, das heißt, die Spielermentalität so mancher Dominikaner arg herauszufordern. Deshalb ist es immer lohnend, wenn Sie – gerade als Tourist – über die üblichen Preise Bescheid wissen, auch beim Busfahren.